JN112872

ほっこり、
すっきり、
心に届く

Page-Turner:
A Collection of
32 Essay Gems
in English

英語で
珠玉の
エッセイ

ケイ・ヘザリ 著

Kay Hetherly

アルク

Preface

When I heard that ALC wanted to publish this book, I was touched and beyond grateful. Of course, I'll miss writing my monthly columns for the English Journal, but what a lovely parting gift to me and to the readers who've been with me through the years, perhaps even some since the very first column, in April 2005.

The essays in this collection, written in Texas between 2017 and 2022, are reflective and personal. I write about the loves of my life: language, books, dogs, Japan, cooking. I also write about inspiration and the struggles many of us have in common.

The pandemic and two years of lockdown color a number of these pieces as well. During that time, I was lucky to have my two dogs, my sister, close friends — and the opportunity to share my thoughts with all of you each month. That made a big difference for me, and I'll always be thankful to the English Journal staff and my readers in Japan for being part of my circle.

Kay Hetherly

はじめに

　アルクがこの本を出版したいと考えていると聞いたとき、感激して感謝で胸がいっぱいになりました。English Journal に毎月コラムを書けなくなるのはもちろん寂しく思います。でも、私と、そして長年にわたって、もしかすると2005年4月の第1回目のコラムから読んでくださった皆さんにとって、なんて素晴らしいお別れのプレゼントなのでしょう。

　この本に収められたエッセイは、2017年から2022年にかけてテキサスで書いた、思索的で、心の奥を表したものです。私が暮らしの中でとても大切にしているもの——言葉、本、犬、日本、料理——について書いています。私たちの多くが共有している励みや葛藤についても書いています。

　パンデミック*と2年間のロックダウン生活は、これらのエッセイの多くにも影を落としています。この間、2匹の犬と姉、親しい友達がいてくれたこと、そして読者の皆さんと毎月考えを分かち合う場を持てたことは幸運でした。それは私にとってとても大きく、English Journal のスタッフ、そして日本の読者の皆さんが、私の仲間でいてくださったことへの感謝は、これからもずっと忘れないでしょう。

ケイ・ヘザリ

＊ここでは、新型コロナウイルス感染症の世界的大流行を指す。

Contents
目次

はじめに ……………………………………………… 002

教えて！ ヘザリさん ……………………………… 008

本書の構成と使い方 ……………………………… 012

朗読音声について ………………………………… 014

Chapter 1
日常の中で考える

Unexpected Inspiration 予期せぬ励み ……………… 016

A Bird's Legacy ある鳥が残したもの ………………… 022

Artichoke アーティチョーク …………………………… 028

Miraculous Children 奇跡のような子どもたち ………… 034

Lessons Learned 学んだ教訓 ……………………………… 040

Am I Good Enough? 私はふさわしいだろうか？ ……… 046

Chapter 2
読む喜び

+ — + — +

A Place With Horses　馬のいる場所 ································· 054

Literary Wisdom　文学の知恵 ································· 060

Red Balloon　赤い風船 ································· 066

Reading With My Sister　姉との読書 ··············· 072

Chapter 3
犬との暮らし

+ — + — +

Rescue　救い、救われること ································· 080

Lessons From Our Dogs　飼い犬たちから学ぶこと ······ 086

Talking Dogs?　言葉を話す犬? ································· 092

Gracy Goes Viral　グレイシー、バズる ··············· 098

Paloma　パロマ ································· 104

Chapter 4

言葉と向き合う

+ — + — +

When Strangers Meet
見知らぬ者同士が出会うとき……………… 112

Humans Need Story 人にはストーリーが必要だ……… 118

What Are Your Pronouns?
あなたの代名詞は何ですか?……………… 124

When a Conversation Is Really a Monologue
会話が実は独白なとき ……………… 130

Translation as Eros エロスとしての翻訳……………… 136

Chapter 5

変わりゆく社会

+ — + — +

Knocking Down the Ivory Tower
象牙の塔の解体……………… 144

Man Box 男らしさという枠……………… 150

Adulting 大人らしくあること……………… 156

Face Masks マスク……………… 162

"Flexy Is Sexy" 「柔軟なのは魅力的」……………… 168

When Times Are Tough 厳しい時期に ……………… 174

Chapter **6**
日本と私

+ — + — +

Lavender ラベンダー ………………………………………………… 182

Bamboo 竹 ……………………………………………………………… 188

Nostalgia 郷愁 ……………………………………………………… 194

Love Letter ラブレター ………………………………………… 200

Driver's License 運転免許 …………………………………… 206

Corn Dog コーンドッグ ……………………………………… 212

True/False Review の解答と日本語訳 ………………………… 218

教えて! ヘザリさん

読書家、愛犬家、日本のテレビドラマ愛好家など、
エッセイでさまざまな顔を見せてくれるヘザリさん。
「どんな人なのかもっと知りたい!」という読者の皆さんのために、
いくつか質問をしてみました。

 When and where do you usually write?
普段は、いつ、どこで執筆していますか?

My favorite place to write is on my back deck, under a giant
live oak tree. I usually write when the weather is best: summer
mornings before it's too hot and afternoons when it gets
cooler. Seeing the dogs roam around the yard while I work
puts me in a good writing mood.

お気に入りの執筆場所は裏庭のテラスで、巨大なオークの生木の木陰です。大抵
はお天気が最適のタイミングに書きます。夏は暑くなり過ぎる前の朝と、午後の
涼しくなってからの時間に。書いている時に犬たちが庭をウロウロしているのを
見ると、筆が進みます。

 What are you most careful about in writing?
書くときに最も気を付けていることは?

What I value most is clear, simple language. I love the editing
process, getting rid of clunky phrases or sentences and cutting
unnecessary words. Reading the final draft aloud is important
because you can hear anything that sounds awkward or
repetitive. I like my writing to sound like my voice.

最も大切にしているのは、明快で簡単な言葉を使うことです。ぎこちないフレー
ズや文を消したり、不要な単語を取り除いたりする編集の過程がすごく好きで
す。最後の段階で原稿を声に出して読み上げるのが重要です。格好悪く聞こえた
り、繰り返しているように聞こえたりする部分が耳でわかりますからね。文章が
私の声のように聞こえるといいな、と思っています。

ケイ・ヘザリ Kay Hetherly

アメリカ、テキサス州在住。通算17年、日本で暮らし、その間、大学講師や翻訳家などとして活躍。著書に『American Pie』『Kitchen Table Talk』(ともにNHK出版)、『英語で至福のエッセイ』(アルク) などがある。月刊誌ENGLISH JOURNAL (アルク) で、2005年4月号から2023年1月号まで連載エッセイ「Tea Time Talk」を執筆。

Your reading has many fans as well as your text. Do you like your voice?

ヘザリさんの朗読には文章と同じくらいファンがいます。ご自分の声は好きですか?

Thank you! That's a nice compliment. I don't dislike my reading voice, but my voice heroes are people like Terry Gross on National Public Radio and English Journal's Ann Slater. They both have such a calm, soothing effect. I aspire to that as well but am nowhere near as good as they are.

ありがとうございます!　褒めていただいてうれしいです。読む声は嫌いではありませんが、私が憧れるのはナショナル・パブリック・ラジオのテリー・グロスや、English Journalのアン・スレーターのような声です。とても穏やかで安らぐ声なので。目指してもいるのですが、その域にはまったく達していません。

Terry Gross：National Public Radio (次項参照) の人気番組Fresh Airのホスト兼プロデューサー。1975年以来、同番組で数千人にインタビューを行ってきた
National Public Radio：アメリカの非営利ラジオネットワーク
Ann Slater：日本女子大学教授。数多くの英語教材でナレーターを務めるほか、NHKのテレビ・ラジオ番組などに出演してきた

Q4

Tell us about the place you recorded your monthly reading for English Journal.

English Journal用に毎月朗読を録音していた場所について教えてください。

Pre-pandemic, I recorded at Fire Station Studios, a local studio affiliated with Texas State University. After we all began working from home, I started recording my columns from my living room armchair, using QuickTime Player on my MacBook. If the dogs made a noise or the birds chirped too loud outside, I had to start over.

パンデミックの前は、ファイヤーステーション・スタジオという、テキサス州立大学と提携した地元のスタジオで録音していました。みんなが在宅勤務をするようになってからは、自宅の居間のアームチェアで、マックブックのクイックタイム・プレーヤーを使って録音するようになりました。犬が物音を立てたり、外の鳥のさえずりがうるさ過ぎたりしたら、最初から録り直さなければなりませんでした。

Q5

What do you like about living in Texas?

テキサス暮らしのどんなところが好きですか？

Since I grew up here, I feel close to Texas things, like bluebonnets in spring, cicadas in summertime, and all the local trees and rivers. Hispanic culture also brings a richness to Texas. Along with the best Tex-Mex and Mexican food, we have Tejano music, and it's not unusual to hear people speak Spanish wherever you go.

この地で育ったので、テキサスのものに親しみを感じるんです。春の青花のルピナス、夏のセミ、地元の木々や川のすべてに。ヒスパニックの文化もまたテキサスを豊かにしてくれています。最高のテキサス風メキシコ料理とメキシコ料理に加えて、テハーノ音楽もありますし、どこに行っても人々の話すスペイン語が当たり前のように聞こえてきます。

bluebonnet：青い花のルピナスの総称。テキサス州の州花
Tex-Mex food：テキサス風メキシコ料理
Tejano music：メキシコ系テキサス州人起源のダンス音楽

When you visit Japan next time, what do you want to do?

今度の来日時には、何をしたいですか？

I fantasize about walking the streets of Sangenjaya, or "Sancha," where I used to live, and eating at all my favorite places. Sancha has one of the best izakayas in Tokyo, called Akaoni, and I have good memories of eating and drinking there with friends. I want to make more memories like those!

かつて暮らした街、三軒茶屋つまり「三茶」を散歩して、お気に入りの店すべてで食べるのが夢です。三茶には「赤鬼」という、東京でイチオシの居酒屋の一つがあって、そこで友達と一緒に飲んだり食べたりした良い思い出があります。そんな思い出をもっと作りたいですね！

Photo by Tara Spies Smith

How to use this book
本書の構成と使い方

※

本書には、月刊誌ENGLISH JOURNALの連載
「Tea Time Talk」のエッセイの中から選んだ32編を収録しています。
すべて、著者のケイ・ヘザリさん自身による朗読音声付きです。

ダウンロード音声のファイル番号
🔊 01 は、音声ファイル01に対応していることを表します。音声の入手方法は p.14 を参照してください。

リード文
エッセイの概要や味わいどころを紹介しています。

エッセイのタイトル

Last year ●toward the end of May, I watched a friend's daughter graduate from high school in a small Texas town. While I've seen lots of university ceremonies in both the U.S. and Japan, this was actually my first high school graduation. I guess I didn't expect much, but what I got was a lot to think about and two

months of inspiration.
It's not ●uncommon for universities to invite someone famous to give the ●commencement address and to have a speech from the university president as well. And there are always student speakers to ●represent the ●student body. At the high school

英文

語注

日本語訳
英文が難しく感じられたときには、日本語訳を参照してみましょう。

- まずは語注や日本語訳を見ずに、英文を読み進めてみましょう。読解のために語句の意味を確認したい場合は、語注を参照してください。日本語訳は、英文を読み終えた後の確認に使いましょう。
- リスニング学習に使用する場合は、まず、英文を見ずに音声を聞くだけで理解できるか、試してみましょう。その後、英文を見ながら音声を聞き、聞き取れなかった箇所をチェックし聞き直します。

掲載号
月刊誌 ENGLISH JOURNAL の何年何月号に掲載されたかを示しています。

True/False Review
エッセイの内容が理解できたかを確認するためのクイズです。1と2それぞれの文について、エッセイの内容と合っている（True）か、合っていない（False）かを答えましょう。

エッセイは、内容別に「日常の中で考える」「読む喜び」「犬との暮らし」「言葉と向き合う」「変わりゆく社会」「日本と私」の6つの章に分け、それぞれ掲載年月の古い順に収録しています。

無料 朗読音声について

本書のエッセイの朗読音声は、スマートフォンやパソコンに無料でダウンロードできます。

朗読音声は、リスニングの学習にも利用可能です。聞き取りやすい速さ・発音で読まれているため、ディクテーション（音声の書き取り）やリピーティング、シャドーイング＊などのトレーニングにも適しています。

＊聞こえてくる音声に少し遅れるようにして、そっくりまねながら口に出していく練習法です。お手本の音声に影（シャドー）のように付いていくことから、こう呼ばれています。

スマートフォンの場合

学習用アプリ「booco」をインストールの上、ホーム画面下「さがす」から本書を検索し、音声ファイルをダウンロードしてください。

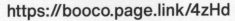

「booco」について

https://booco.page.link/4zHd

パソコンの場合

下記のウェブサイトから音声ファイル（MP3形式。zip圧縮済み）をダウンロードしてください。

アルク「ダウンロードセンター」

https://portal-dlc.alc.co.jp/

※書名もしくは商品コード（7022059）で検索してください。

※アプリ「booco」および「ダウンロードセンター」のサービス内容は、予告なく変更する場合があります。あらかじめご了承ください。

朗読音声は、収録した場所・方法などの違いにより、音質その他に差があります。
2017年8月号、および、2020年7月号以降の音声は、著者の自宅で収録したものです。

Chapter

1

日常の中で考える

+ —— + —— +

Unexpected Inspiration
予期せぬ励み
016

+

A Bird's Legacy
ある鳥が残したもの
022

+

Artichoke
アーティチョーク
028

+

Miraculous Children
奇跡のような子どもたち
034

+

Lessons Learned
学んだ教訓
040

+

Am I Good Enough?
私はふさわしいだろうか？
046

Unexpected Inspiration
予期せぬ励み

※

思わぬ場面で人から「気付き」を与えてもらった――そんな経験が
ある人は多いでしょう。時には、自分よりかなり年下の人から
励ましや刺激を受け取ることもありますね。
ヘザリさんが、自身のそんなエピソードを語ります。

Last year ❶toward the end of May, I watched a
friend's daughter graduate from high school in a small
Texas town. While I've seen lots of university
ceremonies in both the U.S. and Japan, this was actually
my first high school graduation. I guess I didn't expect
much, but what I got was a lot to think about and two

Title inspiration　激励、励み、刺激
❶ toward the end of ~　~の終わり頃に

　去年の5月末頃、テキサスのある小さな町で、友人の娘さんの高校の卒業
式に立ち会いました。大学の卒業式は、アメリカでも日本でもたくさん見て
きましたが、高校の卒業式に出たのは、実はそのときが初めてでした。それ
ほど期待していなかったのですが、考えさせられることが多く、2カ月にわたっ

months of inspiration.

It's not ❷uncommon for universities to invite someone famous to give the ❸commencement address and to have a speech from the university president as well. And there are always student speakers to ❹represent the ❺student body. At the high school

---

❷ uncommon　めったにない、まれな

❸ commencement address　卒業式のスピーチ、卒業式の訓示
　★ commencement は「学位授与式、卒業式」、address は「式辞、演説」の意。

❹ represent　〜を代表する

❺ student body　全学生
　★ body は「組織体、団体」の意。

て励みになるような収穫がありました。
　大学では、卒業式の訓示のために有名人を招き、学長のスピーチが併せて行われることが珍しくありません。そして必ず、全学生の代表者らが話をし

ceremony, the principal probably gave a short speech, but all I remember were the students. I ❻couldn't help but wonder how 17- and 18-year-olds had so much ❼wisdom and courage. A lot of different students spoke, and they didn't speak in ❽clichés. They talked about their actual ❾struggles in high school and in life and how they ❿overcame them or were working to overcome them.

A ⓫former student of the same school, by this time in her late 20s, gave the commencement address. She talked about graduating 10 years before and the great

---

❻ can't help but do　～せずにはいられない
❼ wisdom　分別、知恵
❽ cliché　決まり文句、ありふれた考え
　★発音は [kliːʃéi]。

❾ struggle　苦闘、奮闘、努力
❿ overcome　～を克服する、～を征服する
⓫ former student　かつての在校生、卒業生

ます。その高校の卒業式では、校長は確か短いスピーチをしたのですが、私が覚えているのは学生たちのことだけでした。17、18歳でどうしてこれほどの分別や勇気があるのだろう、と思わずにはいられなかったのです。何人もの学生が話をしましたが、ありきたりの話をした人はいませんでした。彼らは、高校生活や日常生活における実際の苦闘と、それらをどう克服したか、あるいはどう克服しようとしているかについて話しました。
　同じ学校の卒業生で、当時20代後半になっていた女性が、卒業式の訓示を述べました。彼女が話したのは、10年前の卒業時のことと、その当日に感

hope she felt on that day. Yet, the career she thought she wanted ⑫turned out to be wrong for her. She ⑬felt disappointed and lost, and it took time to find a better ⑭path. But ⑮eventually she did — doing something completely different from what she expected on graduation day. "I've found a good place for myself," she said, "at least ⑯for now."

I went home thinking about how all those young people knew something that I seemed to have forgotten for a while: Success and happiness come in small pieces, ⑰surrounded by struggle and plenty of failure.

---

⑫ turn out to be ~　結局～だとわかる
⑬ feel disappointed and lost
　★feel disappointed は「落胆する」、feel lost は「途方に暮れる」の意。
⑭ path　道、方向
⑮ eventually　ようやく、ゆくゆくは
⑯ for now　今のところは、当分は
⑰ surrounded by ~　～に囲まれて

じた大きな希望についてでした。ところが、望んでいると思っていた仕事が、自分には向いていないことがわかったというのです。落胆し、途方に暮れた彼女が、より良い道を見つけるのには時間がかかりました。けれども、ようやくそれを見つけたのです――卒業式の日に予想していたのとはまったく違うことをしながら。「自分にとっていい居場所を見つけました、少なくとも今のところは」と彼女は語りました。

　私は家路に就きながら考えました、どうやってあの若者たちは皆、私がしばらく忘れていたようなことを知ったのだろうかと。つまり、成功と幸福は、苦闘や多くの失敗のはざまに細切れで訪れるものなのだ、ということです。

Accepting that and moving forward may get you to a good place again.

For the next two months, I got up an hour earlier than usual every day and spent that time doing [18]meaningful projects before going to my job — reading, studying, cleaning — [19]accomplishing some small thing each morning that [20]added up as the days [21]went by. I can't remember why I stopped after two

---

[18] meaningful　意味のある、意義深い
[19] accomplish　〜を成し遂げる、〜を達成
する

[20] add up　大きな量となる、帳尻が合う
[21] go by　過ぎる、過ぎ去る

そのことを受け入れて前に進めば、再び居心地の良い場所にたどり着くかもしれないのです。
　その後2カ月間、私は毎日、いつもより1時間早く起きて、出勤する前に有意義なこと——読書、勉強、掃除——をするのに時間を使いました。日がたてばまとまったものとなるような小さなことを、毎朝達成していったのです。どうして2カ月でやめてしまったのか思い出せないのですが、いずれはまた

months, but eventually I'll start again — or find some other inspiration. Because that seems to be how life works. We hope, we get lost, we find our way, then the path disappears again, and we just have to keep looking. I knew that but had to be reminded by the [22]class of 2017 in a small Texas town.

May 2018

---

❷ class　同期卒業生

始めるつもりです——あるいは、何かほかに励みになることを見つけようと思います。人生はそういうもののように思えるからです。私たちは希望を抱き、迷い、道を見つけ、そしてまた道が消えて、それでもとにかく、前を見据え続けなくてはなりません。わかっていたはずのことを、私はテキサスの小さな町の2017年の卒業生たちに、思い出させてもらわなければならなかったのです。

True/False Review　内容理解クイズ　　　　　解答と日本語訳 ▶ p.218

エッセイの内容と合っていれば **T**（True）を、違っていれば **F**（False）を選びましょう。

1. Kay Hetherly says that in the previous year, she was invited to speak at her friend's daughter's high school graduation.

T / F

2. According to Hetherly, the speeches at the high school graduation inspired her to get up earlier every day and work on personal projects.　**T / F**

A Bird's Legacy

ある鳥が残したもの

※

ある朝、ラジオを聞いていたヘザリさんは、
高齢の男性が語った子ども時代の話に心を動かされます。
戦時下の想像を絶する苦難の中で、
彼と仲間たちにできた新たな「親友」とは？

Who doesn't love Friday mornings? You ❶made it
through another week of work or school, and the
weekend is almost here. Even the coffee tastes better on
Fridays! I always listen to the radio while getting ready
for work, so Friday morning also means hearing one of
my favorite ❷National Public Radio shows:

Title legacy　遺産
❶ make it through ~　～を何とか切り抜け
る

❷ National Public Radio　ナショナル・パ
ブリック・ラジオ
★アメリカの非営利ラジオネットワーク。

金曜日の朝が好きではない人なんているでしょうか？ 1週間の仕事や学
校を何とかまた切り抜けて、週末が目の前です。金曜日にはコーヒーさえ普
段よりもおいしく感じられるのです！　私はいつも、仕事に出掛ける用意を
しながらラジオを聞いているので、金曜日の朝は、ナショナル・パブリック・

❸StoryCorps.

StoryCorps is perfect for Fridays because it gives a much needed break from all the bad news of the week. It even starts with ❹soothing music, ❺as if to say, "Relax. You worked hard this week, and here comes your ❻reward." Each episode is a simple three- to four-minute

---

❸ StoryCorps
　★市井の人々の人生の物語を記録、保存、共有することを目的としたアメリカの非営利団体。ここでは、その話の一部を紹介するラジオ番組を指している。

corpsは「部隊、兵団」を表すフランス語由来の語で、発音は[kɔ́ːr]。
❹ soothing　心地よい、なだめるような
❺ as if to say ~　～と言わんばかりに
❻ reward　報酬、褒美

ラジオのお気に入りの番組の一つ、StoryCorps を聞く時間でもあります。
　StoryCorpsは金曜日にぴったりです。なぜなら、悪いニュースばかりの1週間から抜け出して、待望の一息をつかせてくれるからです。始まりの音楽まで心地よく、まるで「さあリラックスして。今週はよく働いたから、これからご褒美がありますよ」と言わんばかりです。毎回、市井の人々による自分

conversation or ❼narrative with ❽ordinary people telling their own stories. These are personal stories, but many of them are also historically or culturally ❾significant. In other words, listening to them may give you ❿insight into American life. The story I heard this morning is a great example.

⓫Shig Yabu was only 10 years old in 1942 when war ⓬broke out between the U.S. and Japan. He and his family, along with more than 100,000 other people of ⓭Japanese descent, were ⓮forced out of their American homes and moved into ⓯internment camps. Now 87,

---

❼ narrative　物語、語り
❽ ordinary people　一般の人、庶民
❾ significant　意味のある、意義深い
❿ insight　洞察、洞察力
⓫ Shig Yabu　シグ・ヤブ
　★(1932-)。StoryCorps に出演した日系アメリカ人。
⓬ break out　（戦争などが）勃発する

⓭ Japanese descent　日系
　★descent は「家系、血統」の意。
⓮ force A out of B　A を B から追い出す
⓯ internment　強制収容
　★ここでは internment camp で「強制収容所」の意。p. 25、最終行の internee は「被収容者」の意。

自身の物語が3、4分ほどの会話や語りで簡単に紹介されます。どれも個人的な話ですが、その多くが歴史的あるいは文化的に意義深いものでもあります。つまり、それを聞くことでアメリカ人の生活について洞察を得られるかもしれないのです。今朝、私が聞いた物語は、その素晴らしい一例です。
　シグ・ヤブは、1942年にアメリカと日本が開戦したとき、まだ10歳でした。彼とその家族は、10万人を超えるほかの日系人とともに、アメリカの自宅から退去させられ、強制収容所へ移されました。現在、87歳のヤブさんは、そ

Mr. Yabu **⑯**recalls one of his best friends during this difficult time. He tells the story to his grandson in the StoryCorps recording studio:

One day, Shig and his friends were playing outside when they found a baby **⑰**magpie, fallen from its nest and **⑱**begging for food. Shig **⑲**adopted the bird, which he named Maggie. He talked to her daily, and she began repeating his words and his laughter. Soon Maggie had visitors from all over the camp coming to hear her talk and laugh. Then she started **⑳**roaming around by herself, visiting all the internees. In Mr. Yabu's words,

---

❶ recall　～を思い出す、～を思い起こす
❷ magpie　カササギ
❸ beg for ~　～を乞う、～をせがむ
❹ adopt　～（動物など）を引き取る、～の親代わりになる
❺ roam around　歩き回る、移動して回る

の大変な時期の自分の親友を思い起こします。彼はStoryCorpsの録音スタジオで、孫息子にその話を語るのです。
　ある日、シグと友人たちは、外で遊んでいるときにカササギのひなを見つけました。ひなは巣から落ちており、餌をせがんで鳴いていました。シグはその鳥を保護し、マギーと名付けました。シグが毎日話し掛けていると、マギーは彼の言葉や笑い声をまねるようになったのです。すぐに、マギーが話したり笑ったりするのを聞きに収容所中の人がやって来ました。やがて、マギーも自分だけで移動して回り、収容者の皆を訪ねるようになりました。ヤブさ

"She was like a social worker; she was so
[21]compassionate with the internees. I don't think she
realized she was a bird." Thinking back on this
childhood memory, Mr. Yabu adds, "[22]Even to this day,
her legacy still [23]stands. That little bird [24]kept the spirits
up for all the internees."

Shig Yabu could have chosen many different stories
to tell his grandson about his experience during

---

[21] compassionate with ~　~に同情的な
　★ p. 27、下から2行目のcompassion
　は名詞で「同情、思いやり」の意。
[22] even to this day　今になっても

[23] stand　そのままである、生きている
[24] keep the spirits up for ~　~を励まし続
　ける

んの言葉によれば、「彼女はソーシャルワーカーのようでした。収容者たちに
とても同情的でした。自分が鳥だとわかっていなかったんだと思います」。子
どもの頃のこうした思い出を振り返りながら、ヤブさんは続けます、「今になっ
ても、彼女の残したものはまだ生きています。あの小鳥は収容者全員を励ま
し続けていました」。
　シグ・ヤブは、強制収容時の体験についてもっと別の話を選んで孫息子に

internment. He could have ㉕focused on the terrible
㉖injustice of the American government or the
㉗justifiable anger of the internees. Instead, he chose the
story of Maggie, a story of friendship, hope and
compassion. That is a lovely message for a Friday, or for
any day of the week.

June 2020

㉕ focus on ~　～に的を絞る、～に焦点を
合わせる
㉖ injustice　不公正、不当行為

㉗ justifiable　正当と認められる、当然の

伝えることもできたはずです。アメリカ政府のひどい不当行為や、収容者た
ちの当然の怒りに的を絞って話すことだってできたはずなのです。そうせず
に、彼はマギーの話、つまり友情、希望、思いやりの話を選びました。それは
金曜日にふさわしい、あるいはどの曜日に聞いたとしても、とてもすてきなメッ
セージです。

True / False Review　内容理解クイズ　解答と日本語訳 ▶ p. 218

エッセイの内容と合っていれば **T**(True)を、違っていれば **F**(False)を選びましょう。

1. According to Hetherly, StoryCorps is a coffee shop that she
visits every Friday.　**T / F**

2. Hetherly says that more than 100,000 Japanese-Americans
were moved into camps during World War II.　**T / F**

Artichoke

アーティチョーク

※

何かを生まれて初めて食べたときの思い出は、
忘れ難いものになりがちですね。
このエッセイに登場するアーティチョークは、ヘザリさんにとって
「大人への第一歩」と結び付いた特別な食べ物のようです。

When I was 19 and my sister was 20, we ❶took a road trip from Texas to California and up the West Coast. The part I remember best was a week or so in San Francisco, where I ate my first artichoke.

My father was a journalist and had a lot of interesting friends. One was a woman named Lou whose father was

---

Title artichoke　アーティチョーク
★チョウセンアザミのつぼみの部分。イタリア料理などで使われる食材。leafと呼んでいるのは正確にはガクに当たる。

❶ take a road trip　車で長旅をする

　私が19歳で姉が20歳のとき、私たちはテキサスからカリフォルニアへ、そして西海岸まで車で長旅をしました。その中で私が一番よく覚えているのはサンフランシスコでの1週間ほどで、そこで初めてアーティチョークを食べたのです。
　私の父はジャーナリストで、面白い友達が大勢いました。その一人はルー

a well-known TV ❷news anchorman in Texas. Lou was
a cool, single, ❸professional woman who wore big loop
earrings and had blond hair cut short like the famous
1960s model ❹Twiggy. She had moved from Texas to
San Francisco and agreed to ❺host me and my sister in
California.

---

❷ news anchorman　ニュースキャスターの
男性
❸ professional　専門職の、専門職に従事
する

❹ Twiggy　ツイッギー
★(1949-)。イギリスのモデル、俳優、
歌手。
❺ host　～を泊める

という女性で、彼女の父親はテキサスで有名なテレビのニュースキャスター
でした。ルーは格好よく、専門職を持つ独身の女性で、大きな輪の耳飾りを
着け、1960年代の有名なモデル、ツイッギーのように金髪をショートカット
にしていました。彼女はテキサスからサンフランシスコに引っ越しており、
カリフォルニアで私と姉を泊めてくれることになっていました。

I remember ❻bits and pieces about that week: Lou's African-American friend driving us up and down the San Francisco hills in his old ❼convertible, with "❽Rock the Boat" ❾blasting from the radio; a loud party in ❿Oakland, across the ⓫Bay Bridge, where I met older college students from ⓬Berkeley and drank red wine from a paper cup; and, ⓭most of all, the artichoke.

Lou made dinner, and we each got a steamed artichoke. She showed us how to pull off one ⓮leaf at a time, ⓯dipping it in warm, ⓰lemony garlic butter, then

---

❻ bits and pieces　こまごましたこと
❼ convertible　オープンカー
❽ "Rock the Boat"　「愛の航海」
　★1974年にザ・ヒューズ・コーポレーションが歌って大ヒットした曲。
❾ blast　大きな音を鳴らす
❿ Oakland　オークランド
　★カリフォルニア州の都市。サンフランシスコとは湾を挟んだ対岸にある。

⓫ Bay Bridge　ベイブリッジ
　★サンフランシスコ湾に架かる橋。サンフランシスコとオークランドを結ぶ。
⓬ Berkeley　バークレー
　★カリフォルニア州の都市。オークランドの北に隣接する。
⓭ most of all　とりわけ、何より
⓮ leaf　葉の形をしたもの
⓯ dip A in B　AをBに浸す
⓰ lemony　レモン味の

その1週間のこまごまとしたことを覚えています。ルーのアフリカ系アメリカ人の友達の古いオープンカーに乗せてもらい、ラジオから「愛の航海」を大音量で流しながら、サンフランシスコの坂を上ったり下りたりのドライブをしたこと。ベイブリッジを渡ったオークランドのにぎやかなパーティーで、バークレーの年上の大学生たちに会い、紙コップで赤ワインを飲んだこと。そして何よりも（覚えているのは）、アーティチョークのことです。
　ルーが夕食を作り、私たちは一人一つずつ、蒸したアーティチョークをもらいました。彼女は、葉の形をしたガクを1枚ずつはがして、温かいレモン味

[17]scraping the soft [18]flesh from the leaf with our teeth.
One by one, we dipped and scraped, adding the
[19]discarded leaves to a growing pile on the table. With
all the leaves gone, Lou [20]demonstrated how to remove
the [21]fuzzy [22]layer with our fingers to find the artichoke's
treasure below — the heart, a lovely [23]disc of [24]edible
flesh.

Eating an artichoke takes time, creating the perfect
atmosphere for a long, slow meal with good
conversation. It's an adult pleasure. That's what I

---

[17] scrape A from B　AをBからこそげ取る
[18] flesh （柔らかい）葉肉、果肉
[19] discarded　捨てられた、不要な
[20] demonstrate　～を実際にやって見せる
[21] fuzzy　けば状の
[22] layer　層
[23] disc　円盤状のもの
[24] edible　食べられる

のガーリックバターに浸し、ガクから柔らかい葉肉を歯でこそげ取るように
する食べ方を、私たちに見せてくれたのです。私たちは一枚一枚、浸してこ
そげて、要らないガクをテーブルの上に山積みにしていきました。ガクがす
べてなくなると、ルーは、下にあるアーティチョークの宝物──「ハート」と
呼ばれるかわいい円盤状の食べられる果肉を見つけるために、けば状の層を
指で取り除く方法を実演してくれました。
　アーティチョークを食べるのには時間がかかり、長くゆったりとした食事と
心地よい会話を楽しむのに申し分ない雰囲気を生み出します。それは大人の

understood at Lou's apartment in San Francisco all those years ago. She gave us a ㉕coming-of-age experience, celebrating our fresh, new adulthood.

A few years ago, I made dinner for my best friend's daughter and her boyfriend. They were 18 and 19, just starting college, and living away from home for the first time. We had artichokes, their first ones. I have no idea whether they'll remember the experience like I did many years later, but I love the idea of being the Lou in

---

㉕ coming-of-age　成人になる、成人の

楽しみです。何年も前のサンフランシスコのルーのアパートで、私はそう理解しました。彼女は私たちに大人の体験をさせて、大人になりたてほやほやの私たちを祝ってくれたのです。

　2、3年前、私は親友の娘さんとそのボーイフレンドにディナーを用意しました。彼らは18歳と19歳で、大学に入ったばかりで、初めて家を離れて暮らしていました。私たちはアーティチョークを食べたのですが、彼らにとっては初めての体験でした。私が何年たった後でも記憶していたように、彼らがその体験を覚えているかどうかはまったくわかりませんが、彼らの生涯において私がルーのような存在になるという発想はとても気に入っています。

their lives.

For anyone who's never cooked an artichoke, it's very simple: Steam for 50 to 60 minutes. When you can pull a leaf out easily, it's ready. Melt butter with fresh garlic, add lemon juice; then dip and dip and dip. I don't remember seeing artichokes when I lived in Japan, but if you can find one there or when traveling, I know you'll enjoy it — or maybe you already have!

May 2021

　アーティチョークを料理したことのない人に一言、とても簡単です。50分から60分蒸します。ガクが簡単に引き抜けるようになれば、出来上がりです。溶かしたバターに生のニンニクを加え、レモン汁を混ぜます。そして浸して、浸して、浸します。日本で暮らしていたときに私はアーティチョークを見た覚えはありませんが、日本で、または旅先で見つけたら、本当に楽しめますよ——あるいはもう味わったことがあるかもしれませんね！

True/False Review　内容理解クイズ　　　解答と日本語訳 ▶ p. 218

エッセイの内容と合っていれば **T**(True)を、違っていれば **F**(False)を選びましょう。

1. According to Hetherly, she and her family used to live in San Francisco.　**T / F**

2. Hetherly says that eating an artichoke takes time, creating the perfect atmosphere for a good conversation.　**T / F**

Miraculous Children

奇跡のような子どもたち

※

小さくて弱い存在である子どもにとって、
いつの時代も、世界は「怖いもの」であふれた場所と
言えるかもしれません。
あなたが子どもの頃、一番怖かったものは何ですか?

It's kind of miraculous that children grow up and survive. I think back on my fears as a child and the fears of other generations, and it is ❶humbling.

When I was in ❷first grade, instead of ❸fire drills, we had ❹nuclear bomb drills at school. When the alarm sounded, we had to get under our desks and stay there until the drill ended. Our teachers told us that in a real

---

Title miraculous 奇跡的な、驚くべき
❶ humbling 謙虚な、謙遜の
❷ first grade 小学1年生
❸ fire drill 火災訓練、消防訓練
❹ nuclear bomb 核爆弾

　子どもが成長して生き延びるのは奇跡のようなことです。私は自分の子どもの頃の不安と、ほかの世代の(子どもたちの)不安を思い返すと、そうした謙虚な気持ちになります。
　私が小学1年生のとき、学校で火災訓練ではなく、核爆弾対応訓練がありました。警報が鳴ると、私たちは机の下に入り、訓練が終わるまでそのまま待機しなければなりませんでした。実際に攻撃があったら、窓が割れ、化学

attack, the windows would break and chemicals would
❺pour into the classroom. If they got on us, we ❻were to
take our clothes off and stay under the desk. At the age
of 7, what ❼scared me most about this ❽scenario was the
idea of taking off all my clothes in a room full of my
classmates. That was ❾horrifying.

---

❺ pour into ~　〜に流れ込む
❻ be to do　〜することになっている、〜す
　る予定である

❼ scare　〜を怖がらせる
❽ scenario　状況、シナリオ、筋書き
❾ horrifying　ぞっとするような

物質が教室に流れ込んでくると先生に教わりました。化学物質がかかったら、
私たちは服を脱いで机の下にいることになっていたのです。その状況につい
て7歳の私を最も怖がらせたのは、クラスメートでいっぱいの教室で服をす
べて脱ぐという考えでした。それはぞっとすることでした。

Throughout childhood, I had ❿recurring ⓫nightmares about bombs. In one of them, I was running and the earth behind me turned orange as I ran. The orange never ⓬caught up to me in the dream, but I knew what it meant if it did. In another dream, I was at school when the bomb alarm sounded. This time everyone was told to go outside into the schoolyard. ⓭For some reason, I didn't go out, but instead watched from a window. With all the kids and teachers gathered outside, the entire schoolyard ⓮exploded and ⓯caved in.

---

❿ recurring　繰り返し起きる
⓫ nightmare　悪夢
⓬ catch up to ~　～に追い付く

⓭ for some reason　何らかの理由で、どう いうわけか
⓮ explode　爆発する
⓯ cave in　陥没する

　子どもの頃はずっと、私は爆弾についての悪夢を繰り返し見ました。その うちの一つでは私は走っていて、走るにつれて私の後ろの地面がオレンジ色 に変わりました。夢の中でそのオレンジ色に追い付かれることは決してあり ませんでしたが、追い付かれたらどうなるかはわかっていました。別の夢では、 爆弾の警報が鳴ったとき、私は学校にいました。そのときは全員が校庭に出 るように言われました。何らかの理由で、私は外に出ず、代わりに窓から眺 めていたのです。子どもも先生もみんな外に集まっていると、校庭全体が爆

I was the only one safe.

These days, schools have ⓰active-shooter drills. They teach kids what to do if someone comes into their school with a gun. There have been so many active-shooter ⓱incidents in schools across the U.S.; this has become much more of a real ⓲threat than bombs ever were for my generation. I can only imagine the kind of dreams American kids today must have ⓳as a result of this fear. ⓴Ironically, ㉑COVID ㉒gave us a welcome respite from these incidents, with schools closing down

---

⓰ active-shooter　アクティブシューターの、銃撃の
　★active shooterとは、銃器を持った人物が無差別に殺傷する事件やその銃撃者を指す。
⓱ incident　事件
⓲ threat　危険な存在、脅威

⓳ as a result of ~　～の結果として
⓴ ironically　皮肉なことに
㉑ COVID　コロナウイルス感染症
　★ここではCOVID-19（新型コロナウイルス感染症）を指す。
㉒ give A a respite from B　Bからの一休みをAに与える

発して陥没しました。私は一人だけ無事でした。
　近頃は、学校で銃乱射対応訓練があります。学校に誰かが銃を持って入ってきたらどうするかを子どもたちに教えるのです。アメリカ各地の学校で非常に多くの銃乱射事件が起こっており、私の時代の爆弾よりはるかに大きな現実的脅威となっています。この恐怖の結果、今のアメリカの子どもたちがどのような夢を見ることになるかは容易に想像がつきます。皮肉なことですが、新型コロナウイルス感染症によって学校が1年以上閉鎖となり、こうした

for more than a year. But [23]what in the world happens in a child's mind and heart when life as they know it stops for a deadly worldwide [24]pandemic?

Children in every country of the world have their own [25]set of fears, depending on when and where they live. I wish they could all be protected and grow up

---

[23] what in the world　一体全体
[24] pandemic　パンデミック
　★深刻な感染症が世界的に大流行する
こと。

[25] set of ~　ひとそろいの〜、数々の〜

事件はありがたいことに一休みとなりました。しかし、命取りとなる世界的なパンデミックのために自分が知っている生活が停止するとき、子どもの心の中で一体何が起こるのでしょうか?

　いつ、どこで生活しているかによって、世界のどの国でも子どもたちはそれぞれ独自に数々の恐怖を抱いています。子どもたちみんなが守られて、恐

without being afraid. Sure, surviving our fears can make us stronger and more ㉖resilient. I just hope it also makes us smarter as adults and better able to change the world to make it safer for future generations.

July 2021

㉖ resilient　回復力のある

れることなく成長できればいいのにと思います。確かに、恐怖から生き延びることで私たちはより強くなり、回復力を高めることができます。私がただ願うのは、それによって私たちがより聡明な大人となり、将来の世代のために世界をもっと安全なものに変えられるようになることなのです。

True/False Review　内容理解クイズ　　解答と日本語訳 ▶ p. 218

エッセイの内容と合っていれば **T**（True）を、違っていれば **F**（False）を選びましょう。

1. According to Hetherly, when she was in first grade, she had fire drills at school.　**T / F**

2. According to Hetherly, there are active-shooter drills across the United States, which teach kids what to do if someone comes into their school with a gun.　**T / F**

Lessons Learned

学んだ教訓

✳

子どもの頃、大人から掛けられた言葉に傷ついた経験は
誰しも持っているでしょう。ひどい言葉であればあるほど、
その傷と記憶は長く残ります。
このエッセイでは、ヘザリさんのそんな経験が語られます。

Looking through an old scrapbook the other day, I
❶came across my school picture from ❷kindergarten.
Seeing this photo ❸brought back an unforgettable, and
not so pleasant, memory.

Sitting ❹at a slight angle, I look toward the camera,

---

❶ come across ~　〜をふと見つける、〜を
　見掛ける
❷ kindergarten　幼稚園
　★アメリカのkindergartenは小学校に
　付属していることが多い。

❸ bring back ~　〜を思い出させる
❹ at a slight angle　少し斜めの角度で

　先日、古いスクラップブックに目を通していて、たまたま幼稚園での写真
を見つけました。その写真を見ていると、忘れられない、しかもあまり楽し
くない、記憶がよみがえりました。
　私は少し斜めの角度で座ってカメラの方を見ており、カメラは私の肩から

which captures me from the shoulders up. I'm wearing a
red, short-sleeved dress with a [5]pleated front. The
collar and [6]cuffs are white, [7]traced with delicate,
[8]scalloped edges — clearly a special dress [9]for the
occasion. My straight [10]blondish-brown hair, in a

---

❺ pleated　プリーツの、ひだのある
❻ cuff　袖口、カフス
❼ trace A with B　AにBで模様を施す
❽ scalloped edge　スカラップ飾りの縁取り
　★ホタテ貝のような半円が連続した波型
　の縁取りのこと。scallop は「ホタテ貝」
　の意。

❾ for the occasion　このときのための
❿ blondish-brown　ブロンドがかった茶色の
　★ blondish は「ブロンドがかった」の意。

上を捉えています。私は半袖で前にプリーツのある赤いワンピースを着てい
ます。襟と袖口は白く、きめの細かいスカラップ飾りの縁取りで、明らかに
そのときのための特別なワンピースです。私のブロンドがかった茶色の真っ

⓫shaggy pixie cut, has been curled only at the ends in tight **⓬**pin curls, especially for the photo. The curls look funny in contrast to straight **⓭**bangs cut short and a little **⓮**jagged. **⓯**Oddly, I'm not smiling, as my sister is in her school photo from the same year. Rather, my mouth looks **⓰**neutral in a thin line across my face.

And here's the **⓱**crucial detail: I'm wearing plastic pink glasses with **⓲**pointy frames and only my left eye is visible, staring straight into the camera. The right eye is hidden under a **⓳**flesh-colored **⓴**patch.

⓫ shaggy pixie cut　短いシャギーカット
　★shaggy cut は、髪をそぐように不ぞ
　ろい気味にするカット。pixie cut はこめ
　かみと襟足を短くするカット。
⓬ pin curl　ピンカール
　★髪を巻いてピンで留めてカールさせた
　髪型。
⓭ bangs　切り下げた前髪
　★この意味では通例、複数形。

⓮ jagged　ぎざぎざの
⓯ oddly　奇妙にも、不思議なことに
⓰ neutral　どっちつかずの、はっきりしない
⓱ crucial　極めて重要な
⓲ pointy　先のとがった
⓳ flesh-colored　ペールオレンジ色の、薄
　だいだい色の
⓴ patch　眼帯、傷当て

　すぐな髪は短いシャギーカットで、その写真のために特別に、毛先だけきつ
くピンカールされています。短く少しぎざぎざに切り下げた真っすぐな前髪と、
対照的なカールがおかしな感じです。不思議なことに、私はその同じ年の姉
の写真のような笑顔ではありません。むしろ、私の口は顔の中で真一文字に
結ばれ、無表情に見えます。
　そしてこれが極めて重要な点なのですが、私はピンク色で角のとがったプ
ラスチックフレームの眼鏡を掛けていて、カメラを真っすぐ見つめている左
目だけが見えています。右目は肌と同じ色の眼帯に隠れているのです。

I started wearing glasses in kindergarten. The vision in my left eye was so bad I had to wear a patch over my right eye. That forced me to use the left eye **㉑**exclusively to **㉒**strengthen it. I was embarrassed to look like a **㉓**pirate, and it was painful, as **㉔**eyelashes often **㉕**got stuck in my eye under the patch. No one **㉖**made fun of me, though, and sometimes my mother drew an eye on the patch to make me laugh.

By **㉗**first grade, my left eye had improved so much that I only needed glasses. One day, a little girl in my

---

㉑ exclusively　もっぱら、独占的に
㉒ strengthen　〜を強化する
㉓ pirate　海賊
㉔ eyelashes　まつげ
　★通例、複数形。

㉕ get stuck in 〜　〜に突き刺さる
㉖ make fun of 〜　〜をからかう
㉗ first grade　小学1年生

　私は幼稚園で眼鏡を掛け始めました。左目の視力がとても悪かったので、右目に眼帯を着けなければなりませんでした。それによって左目だけを使うように強制して、左目を鍛えていたのです。私は海賊のように見えるのが恥ずかしく、眼帯の下の目にまつげがしばしば刺さって痛い思いもしていました。それでも、誰も私をからかったりせず、時には母が眼帯の上に目を描いて、私を笑わせてくれました。
　1年生になるまでに私の左目はかなり良くなったので、必要なのは眼鏡だけになりました。ある日、私のクラスの女の子が大きな声で「私もケイのよ

class said out loud, "I wish I had glasses like Kay." My
teacher scolded her [28]harshly: "Never say that again.
Don't you know children who wear glasses go blind
when they're older?"

Of course, the teacher was wrong, but I didn't know
that then. I generally loved school and was fond of all
my other teachers. But those words stayed with me and
still make me angry. I [29]can't help but think of children

---

[28] harshly　厳しく
[29] can't help but do　〜せずにはいられない

うな眼鏡を掛けたいのに」と言いました。私の先生は彼女を厳しく叱りました。
「そんなこと二度と言ってはいけませんよ。眼鏡を掛ける子どもは大きくなっ
て失明するのを知らないんですか?」

　もちろん、その先生は間違っていましたが、当時の私にそんなことはわか
りませんでした。私は概して学校が大好きで、ほかのどの先生も好きでした。
でもあの言葉は忘れられずに今でも腹が立ちます。クラスメートや先生にい

who are ⑳bullied by classmates or teachers and never recover.

A local ㉛educator posted today on Twitter, "Our words ㉜matter to our students. They can either be positive or they can be negative." That is so true, and I hope all teachers will leave their students with many positive words.

September 2021

---

⑳ bully　～をいじめる　　　　　　　　㉜ matter to ~　～にとって重要である
㉛ educator　教育者

じめられて立ち直れなくなる子どもたちのことを考えずにはいられません。
　ある地元の教育者が今日、Twitter に「私たちの言葉は生徒にとって重要である。その言葉はプラスにもマイナスにもなり得る」と投稿していました。まさにそのとおりであり、すべての教師が生徒たちにプラスの言葉をたくさん残すことを私は願っています。

True/False Review　内容理解クイズ　　解答と日本語訳 ▶ p. 218

エッセイの内容と合っていれば **T**(True)を、違っていれば **F**(False)を選びましょう。

1. Hetherly says that her friends sometimes made fun of her because she wore a patch over her right eye.　**T / F**

2. Hetherly says that her first grade teacher's wrong remark about children wearing glasses still makes her angry.　**T / F**

Am I Good Enough?

私はふさわしいだろうか？

✳

「自分は本当に、この集団に、この地位にふさわしいのだろうか？」
そんな思いと格闘しながら、日々の学業や仕事に
取り組んでいる人も少なくないでしょう。
人を悩ませるそんな疑念について掘り下げたエッセイです。

I grew up in Texas and graduated from a university people called a "❶party school." I studied hard, though, and had always been a ❷confident student. For ❸graduate school, I decided to ❹apply to several top-10 universities. ❺Columbia sent a ❻rejection, but I ❼was accepted at the ❽University of Wisconsin (UW) in

❶ party school　パーティースクール
　★遊んでばかりの学生が多いと評判の
　学校のこと。
❷ confident　自信に満ちた
　★p. 47、2行目のconfidenceは名詞で
　「自信」の意。
❸ graduate school　大学院
❹ apply to ~　~に出願する
❺ Columbia　コロンビア大学
　★アメリカのニューヨーク州にある私立
　大学。
❻ rejection　却下、不合格
❼ be accepted at ~　~に合格する

　私はテキサス州で育ち、「パーティースクール」と呼ばれていた大学を卒業
しました。でも私は熱心に勉強し、いつも自信に満ちた学生でした。大学院
には、上位10校の大学のいくつかに出願することにしました。コロンビア大
学からは不合格通知が送られてきましたが、一流の州立大学であるウィスコ

Madison, a [9]top-rated state school. That's when I lost my confidence.

I remember sitting in seminar classes at UW [10]scared to death to open my mouth. In fact, I spoke very little in class the entire time I was there. Even though I [11]made A's, I always had the feeling I wasn't smart enough to be

---

[8] University of Wisconsin in Madison
ウィスコンシン大学マディソン校
★アメリカの州立大学。ウィスコンシン州の州都にあるマディソン校が本校。

[9] top-rated state school　一流の州立大学
[10] scared to death to do　〜するのを死ぬほど怖がって
[11] make an A　Aの成績を取る

ンシン大学（UW）マディソン校には合格しました。そのときに私は自信をなくしたのです。
　私は口を開くのを死ぬほど恐れながらUWのゼミの教室に座っていたことを覚えています。実際、在籍している間ずっと、教室ではほとんど話をしませんでした。成績はAでしたが、いつも私は、そこにいられるほど優秀ではなく、いつかクラスメートや教授にそれがばれてしまうだろうという気がし

there and someday my classmates and professors were going to find out. I also thought I was the only one feeling that way.

Now I know about "❶impostor syndrome" and realize that's what I had ❸back then. A lot of my classmates probably did, too. It's especially common among women, ❹minorities in any culture, people ❺of color, and those who grew up poor or came from ❻disadvantaged families — in other words, people who historically lack power in their own society. But even ❼Tom Hanks — white, male, and one of the most successful American movie stars ever — has talked

---

❶ impostor syndrome　インポスターシンド
　ローム
　★達成した成功が自分の実力によるもの
　ではないと考えること。imposter は「詐
　欺師、偽物」の意。
❸ back then　その当時
❹ minority　少数派、マイノリティー

❺ ~ of color　有色の〜
❻ disadvantaged　恵まれない、不利な状
　況に置かれた
❼ Tom Hanks　トム・ハンクス
　★(1956-)。アメリカの俳優、映画監督、
　映画・テレビプロデューサー。

ていたのです。そんなふうに感じているのは私だけだろうとも思っていました。
　今は「インポスターシンドローム」について知っており、当時の自分がそれ
を抱えていたのだと気付いています。私のクラスメートの多くも、おそらく
そうだったのでしょう。それは特に、女性やあらゆる文化の中の少数派、有
色人種、そして貧困の中で育った人や恵まれない家庭に生まれた人——言い
換えれば、歴史的に見てそれぞれの社会の中で力のなかった人たちの間で一
般的なのです。けれどもトム・ハンクス——白人男性で、これまでで最も成功
したアメリカの映画スターの一人——でさえ、自分は成功に値しないペテン師

about his fear that people will discover he's a [18]fraud who doesn't deserve success.

Two women I admire most have also written and spoken publicly about this syndrome: former first lady [19]Michelle Obama and U.S. [20]Supreme Court Justice [21]Sonia Sotomayor. Considering both are women of color with [22]humble backgrounds, it's not surprising they would doubt themselves early in their careers. More surprising is that the doubts continued even after they rose to their highest positions. In a YouTube video with [23]Guardian News, Obama says she wondered, "Am I good enough to be the first lady of the United States?"

---

[18] fraud　詐欺師、ペテン師
[19] Michelle Obama　ミシェル・オバマ
　★(1964-)。バラク・オバマ元アメリカ
　大統領夫人。法律家。
[20] Supreme Court justice　最高裁判事
[21] Sonia Sotomayor　ソニア・ソトマイヨール

★(1954-)。アメリカの連邦最高裁判所
の判事。
[22] humble　質素な、(地位・身分が) 低い
[23] Guardian News　「ガーディアン」紙
★イギリスの大手日刊紙、ニュースメディ
ア。

だとばれてしまうという恐れについて語ったことがあります。
　私が最も称賛する二人の女性も、このシンドロームについて書いたり公の
場で話したりしています。元大統領夫人のミシェル・オバマとアメリカの最
高裁判事のソニア・ソトマイヨールです。二人とも貧しい育ちの有色人種の
女性であることを考えれば、駆け出しの頃に自分のことを疑っても驚くこと
ではありません。それより意外なのは、彼女たちが最高の地位に上り詰めた
後もそうした疑いを持ち続けたことです。「ガーディアン」紙の YouTube 動
画で、オバマ夫人は「私はアメリカのファーストレディーにふさわしいだろう

Similarly, Sotomayor writes in her [24]autobiography that each time she started a new challenge, from [25]Princeton to [26]Yale Law School to various [27]judgeships and finally to the highest court of the land, she felt a "[28]terror that I would [29]fall flat on my face."

Obama, Sotomayor and many others give advice on how to overcome impostor syndrome. For me, just

---

[24] autobiography　自叙伝
[25] Princeton　プリンストン大学
　★アメリカのニュージャージー州にある私立大学。
[26] Yale Law School　イエール法科大学院
　★アメリカのコネチカット州にあるイエール大学の法科大学院。
[27] judgeship　裁判官の職
[28] terror　恐怖
[29] fall flat on one's face　ばったりうつぶせに倒れる、面目を失う

か」と思ったと言っています。同様にソトマイヨールも自叙伝の中で、プリンストン大学からイエール法科大学院、そしてさまざまな裁判官の職を経てついに国の最高裁に至るまで、新たな挑戦を始めるたびに「面目を失う恐怖」を感じたと書いています。
　オバマやソトマイヨール、そしてほかにも多くの人が、インポスターシンドロームを乗り越える方法について助言しています。私にとっては、私のヒー

knowing how common it is, even among some of my heroes, is enough. To the many of you out there starting new jobs, new schools, or new projects, if you're feeling "not good enough," please know that you are. ㉚You've got this!

May 2022

㉚ You've got this.　あなたならできる。
　★人を励ますときに使う表現。

ローたちの間でさえそれがどれほど一般的なのかを知るだけで十分です。新たな仕事や新しい学校、新規プロジェクトを始めようとしている多くの人たちへ、もし自分が「ふさわしくない」と感じているのなら、どうかあなたはふさわしいということを知ってください。あなたならきっとできます！

True/False Review　内容理解クイズ　　解答と日本語訳 ▶ p. 219

エッセイの内容と合っていれば **T**（True）を、違っていれば **F**（False）を選びましょう。

1. According to Hetherly, the University of Wisconsin was known as a "party school."　**T / F**

2. According to Hetherly, Michelle Obama finally conquered her impostor syndrome when she became the first lady.
T / F

Chapter

2

読む喜び

A Place With Horses
馬のいる場所
054

+

Literary Wisdom
文学の知恵
060

+

Red Balloon
赤い風船
066

+

Reading With My Sister
姉との読書
072

A Place With Horses

馬のいる場所

※

数々の新しいメディアの登場に伴い、「読む」という体験は
かつてとは相当違うものになってきました。
ここでは、「本を読む」こと、とりわけ「紙の本のページをめくる」ことが
もたらす豊かさについて、ヘザリさんが考えを伝えてくれます。

I'm always happiest when there's a good book in my life. A lot of people these days struggle to make time for reading, and that's true for me, too. We want to read, but with busy schedules, the Internet, ❶Netflix, and our ❷ubiquitous phones, simply sitting down and reading a book often ❸gets lost.

---

❶ Netflix
★アメリカに本社を置く、定額制動画配信サービス会社。1997年設立。

❷ ubiquitous　至る所にある、ユビキタスの
❸ get lost　忘れ去られる、気付かれない

　暮らしの中に良い本があれば、私はいつだって最高に幸せです。近年、多くの人たちが読書の時間をつくるのに苦心していますが、私も同じです。みんな読書はしたいものの、予定は詰まっているし、インターネットやNetflixがあり、どこでもつながる（携帯）電話があるので、ただ腰を下ろして本を読むことなど忘れられがちです。

A few months ago, I was ❹browsing the popular bookshelves at the library and noticed a small ❺volume with an interesting title: *Our Souls at Night*. I didn't know the author, ❻Kent Haruf, but the first sentence caught my interest: "And then there was the day when Addie Moore made a call on Louis Waters."

---

❹ browse　〜をあれこれ見て回る、〜を閲覧する
❺ volume　本、書物
❻ Kent Haruf　ケント・ハルーフ
★(1943-2014)。アメリカの作家。直前に言及されている *Our Souls at* *Night*（2015）は、ハルーフの死後に出版された最後の作品。2017 年に Netflix（❶参照）で映画化された。その際の邦題は『夜が明けるまで』。p. 58、4行目で言及されている *Plainsong* は1999 年に出版され、全米でベストセラーになった。

　2、3カ月前のことですが、図書館で人気の本を収めた棚を見て回っているとき、『Our Souls at Night』という興味深い題名の薄い本が目に留まりました。ケント・ハルーフという著者のことは知りませんでしたが、最初の1文に興味をそそられました。「そしてある日、アディー・ムーアがルイス・ウォーターズを訪問した」。

Addie has gone to Louis's house to ❼make a proposal: "I wonder if you would consider coming to my house sometimes to sleep with me." She and Louis ❽are both widowed and have lived in the same small town for many years but don't know each other well. And they're both around 70 years old. This may seem like a shocking and unlikely idea, but it ❾makes perfect sense the way Haruf tells the story in his clear, beautiful ❿prose.

When I learned there was a movie made from this book ⓫starring ⓬Jane Fonda and ⓭Robert Redford, I

---

❼ make a proposal　提案する、申し出る
❽ be widowed　未亡人になる、男やもめになる
❾ make perfect sense　完璧に意味を成す、まったく道理にかなう
❿ prose　散文
⓫ star　〜を主演させる

⓬ Jane Fonda　ジェーン・フォンダ
★(1937-)。アメリカの俳優。1972年に『コールガール』で、'79年に『帰郷』でアカデミー主演女優賞を2度受賞。
⓭ Robert Redford　ロバート・レッドフォード
★(1936-)。アメリカの俳優、映画監督。1981年に『普通の人々』でアカデミー監督賞を受賞。

　アディーはルイスの家へ行き、ある提案をします。「時々うちに来て、私と一緒に眠ることを考えてくださらないかしら」。彼女とルイスはともに伴侶に先立たれ、同じ小さな町に長年暮らしてきたにもかかわらず、お互いのことはよく知りません。そして、二人とも70歳前後です。これは衝撃的で、あり得ない話に思えるかもしれませんが、ハルーフが曇りのない美しい文体で綴ると、実に筋の通った話になるのです。
　この本を基にした、ジェーン・フォンダとロバート・レッドフォードが主

was ⓮skeptical. Much of the power of Haruf's story is in the words and the idea that love and meaning are still possible ⓯in later life — for ordinary people. At 79 and 81, Fonda and Redford are still attractive and far from ordinary, but they did make a good movie.

We want to see beautiful people in the movies, but books are different. When we read, it's just our mind and the pages. And I do mean pages. I get the ⓰convenience of downloading ⓱multiple books on a tablet or phone, but for me the escape from technology

---

⓮ skeptical 疑い深い、懐疑的な
⓯ in later life 晩年に

⓰ convenience 便利なこと、便宜
⓱ multiple 多数の、多様な

is part of the appeal: holding a book in your hands and touching the paper as you turn pages. When we read, we can stop anytime and feel the impact of the words.

In [18]*Plainsong*, another of Haruf's novels, one sentence stayed with me for days: "They went out to the [19]corral to be in the place where there were horses."

---

[18] *Plainsong*
★1999年に刊行されたケント・ハルーフ (p. 55、[6]参照) の小説。plainsong とはローマ・カトリック教会で用いられる無伴奏の聖歌である「単旋聖歌 (グレゴリオ聖歌)」のことを指す。

[19] corral （家畜を入れる）囲い、囲い柵

ロジーから逃れることが紙の本の魅力の一つです。本を両手で持ち、ページをめくりながら紙に触れるのです。読書中には、いつでも手を止めて、言葉の影響力（重み）を感じることができます。
　『Plainsong』というハルーフの別の小説では、ある1文が何日間も忘れられませんでした。「彼らは、馬のいる場所で過ごそうと、囲いへ向かった」。こ

These few words say so much, describing the [20]emotional state of two country boys, age 9 and 10, who have just experienced the [21]cruelty of other human beings.

A good book speaks to our souls at night and takes us to a place where there are horses.

March 2018

---

[20] emotional state　心理状態
[21] cruelty　残酷さ、無慈悲

の短い言葉は多くを語っていて、他者の残酷さを経験したばかりの９歳と10歳の田舎育ちの少年二人の心情を描写しています。
　良書は、夜に私たちの魂に語り掛け、馬のいる場所へと連れていってくれるのです。

True/False Review　内容理解クイズ 解答と日本語訳 ▶ p. 219

エッセイの内容と合っていれば **T**(True)を、違っていれば **F**(False)を選びましょう。

1. Hetherly says that she found the book *Our Souls at Night* in a library.　**T / F**

2. Hetherly finds paper books more appealing than electronic books.　**T / F**

08

Literary Wisdom

文学の知恵

✳

人間とは何か、なぜ生きて死ぬのか、といった問いが
頭をよぎったことのない人はいないでしょう。
このエッセイでは、人生について考えるときに読書が与えてくれる
貴重な知恵がテーマになっています。

Even as a child, I sometimes thought about hard questions. "What is life?" I remember wondering at a very young age, and as a **❶confused** teenager, I asked friends, "Is anyone truly happy?" I imagine some people reading this essay had similar questions as children, and maybe now as well. Writers through the ages and across

---

❶ confused　混乱した、悩んだ

子どもの頃ですら、私は時々難しい問題について考えることがありました。「人生とは何か？」という疑問をごく幼いときに抱いたことを覚えていますし、悩み多き10代の頃には、友達に「本当に幸せな人っているの？」と尋ねていました。このエッセイを読んでいる人の中にも、子どもの頃に同じような疑問を抱いた人がいるのではないかと思います。また、今でもそうかもしれませんね。時代や文化を超えて、作家たちも小説や詩、エッセイの中でこうし

cultures have also asked these questions in stories, poems, and essays. I find ❷comfort in that as it shows we all share the same ❸human condition. In this essay, I've collected a few of my favorite literary ❹lines that express so well what it means to be human.

---

❷ comfort　安らぎ、心地よさ
❸ human condition　人間の条件、人間と
　　しての在り方

❹ line　（文章の）行、一節

た疑問を投げ掛けてきました。その中に、私は安らぎを見いだします。私たちが皆、同じ人間としての在り方を共有していることが示されているからです。今回のエッセイでは、人間であることの意味をよく表している私のお気に入りの文学作品の一節を、いくつかまとめてみました。

If you've never read ❺Herman Melville's ❻*Bartleby, the Scrivener*, you're missing a great story. Bartleby is hired as a scrivener, an older word for "❼scribe" or "clerk." In a time before copy machines and computers, his job is to copy ❽legal documents by hand. At first, Bartleby sits quietly by a ❾viewless window and copies all day long. But when his boss asks him to help with something else, Bartleby answers calmly, "I would prefer not to." ❿Before long, Bartleby gives the same answer to every request and demand. No matter how angry his boss becomes, Bartleby gently "prefers not to."

---

❺ Herman Melville　ハーマン・メルヴィル
★(1819-91)。アメリカの小説家、詩人。
代表作に『白鯨』など。
❻ *Bartleby, the Scrivener (: A Story of Wall Street)* 『代書人バートルビー』
★1853年に発表されたメルヴィルの短編小説。scrivener は「代書人、書写人、筆記者」の意。
❼ scribe　筆写者、筆記者
❽ legal document　法律文書
❾ viewless　見晴らしの悪い
❿ before long　やがて、間もなく

　ハーマン・メルヴィルの『代書人バートルビー』を読んだことがないのなら、あなたは優れた小説を見逃しています。バートルビーは scrivener（代書人）として雇われています。scrivener は scribe（筆記者）や clerk（書記）を表す古い単語です。まだコピー機やコンピューターがない時代で、彼の仕事は法律文書を手で書き写すことです。初め、バートルビーは見晴らしの悪い窓際に静かに座って、一日中筆写しています。ところが、上司にほかのことを手伝うように頼まれると、バートルビーは穏やかに「できればしたくないのですが」と答えます。やがて、バートルビーはすべての依頼や要求に同じ答えを返すようになります。上司がどれほど腹を立てようと、バートルビーは穏やかに「したくないのですが」と言うのです。確かに彼はとても奇妙

Though he is certainly a very **⓫odd** man, it seems there's **⓬something** of Bartleby in all of us. The story ends with these words: "Ah, Bartleby! Ah, **⓭humanity**!"

The next line is by Melville's **⓮contemporary**, the poet **⓯Emily Dickinson**. Describing the healing process after loss or tragedy, Dickinson writes, "After great pain, a formal feeling comes." While entire books **⓰deal** with the **⓱phases** of grief and how to **⓲get** through them, I don't think any of them have the power of Emily Dickinson's single line. I imagine we all know that "formal feeling" the poet describes. It comes when wild

---

⓫ odd　奇妙な
⓬ something of ～　多少の～の要素、～の気
⓭ humanity　人間、人間性
⓮ contemporary　同時代の人

⓯ Emily Dickinson　エミリー・ディキンソン
★ (1830-86)。アメリカの詩人。
⓰ deal with ～　～を取り上げる、～を扱う
⓱ phase　局面、段階
⓲ get through ～　～を乗り切る

　な男ですが、私たちは誰でもバートルビーのような一面を持っているように思われます。この小説は、このような言葉で締めくくられます。「ああ、バートルビー！　ああ、人間よ！」
　次に紹介する一節は、メルヴィルと同時代の詩人、エミリー・ディキンソンによるものです。喪失や悲劇の後で立ち直る過程を表現して、ディキンソンは「大きな痛みの後に、型どおりの感情がやって来る」と書いています。書物は総じて悲しみの局面とそれを乗り切る方法を取り上げますが、エミリー・ディキンソンの一節ほど力を持つものはないと思います。私たちは皆、この詩人が言う「型どおりの感情」を知っているのではないでしょうか。それが

emotions have ended, when strength is returning, and when you finally feel a [19]subdued peace, or as she calls it, "A [20]Quartz [21]contentment, like a stone."

Perhaps the most human fact of all is that life ends. While some believe life is over when we lose our youth, the poet [22]Dylan Thomas sees old age as a [23]passionate fight against the [24]inevitable end. "Do not go gentle into

---

[19] subdued　静かな、控えめな
[20] quartz　石英、クオーツ
　★六角形状の鉱物。特に無色透明なもの
　を水晶と呼ぶ。
[21] contentment　満足感、充足感

[22] Dylan Thomas　ディラン・トマス
　★(1914-53)。イギリスの詩人、作家。
[23] passionate　情熱的な、熱のこもった
[24] inevitable　避けられない、免れない

訪れるのは、激しい感情が収束したとき、力が戻ってくるとき、そしてようやく静かな安らぎを感じるとき、つまり彼女が言う「石英の充足感、石のような」を感じるときです。
　おそらく、あらゆる事実の中で最も人間らしいのは、人生が終わることです。若さを失うときに人生が終わると考える人もいますが、詩人ディラン・トマスは老齢期を、避けられない終わりとの熱い闘いだと捉えています。「あの安

that good night," he ㉕urges. "㉖Rage, rage against the dying of the light."

Humans have always struggled to ㉗make sense of life and death. Literature offers wisdom to help us along the way and to understand we're not on that journey alone.

September 2019

㉕ urge　〜と主張する
㉖ rage against 〜　〜に対して怒る

㉗ make sense of 〜　〜の意味を理解する

らかな夜の中におとなしく身をゆだねるな」と彼は主張します。「怒れ、消え
ゆく光に対して怒れ」と。
　人間は常に、生と死の意味を理解しようともがいてきました。文学は、そ
の道のりで私たちに寄り添い、一人で旅をしているのではないと悟るための
知恵を与えてくれるのです。

True/False Review　内容理解クイズ　　解答と日本語訳 ▶ p. 219

エッセイの内容と合っていれば **T**(True)を、違っていれば **F**(False)を選びましょう。

1. According to Hetherly, people from different cultures wonder about the same kinds of big questions.　**T / F**

2. Hetherly says that *Bartleby, the Scrivener* is about a clerk named Herman.　**T / F**

09

Red Balloon

赤い風船

❋

子どもの頃に好きだった本は、たとえもう手元になくても、
思い出すだけで独特の癒やしと安らぎを与えてくれるものです。
このエッセイで生き生きと語られる、ヘザリさんの
「子ども時代の愛読書」の美しいイメージを味わってください。

I gave my students an ❶assignment for our last class meeting of the fall ❷semester. The class was ❸Freshman Seminar, designed to help new students ❹adjust to college life. As they often do, the students taught me something in that final class.

The assignment was to go to the university library, ❺check something out, and bring it to class. It could be a

---

❶ assignment　宿題、課題
❷ semester　（2学期制の）学期
❸ freshman　（大学、高校などの）1年生
❹ adjust to ~　～に慣れる、～に順応する
❺ check ~ out　（図書館などから）～を借りる

　私は秋学期の最終授業のために、学生たちにある課題を出しました。その授業は「1年生向けゼミ」というもので、新入生が大学生活に慣れる手助けとなるように設けられていました。そしてよくあるように、その最後の授業でも学生たちの方が私に何かを教えてくれたのです。
　その課題は、大学の図書館へ行き、何かを借りて、授業に持って来るというものでした。本でも模型でも映画でも、借り出せるものなら何でもいいの

book, model, movie, anything available for checkout, but they had to be prepared to explain why they picked the item and what it told us about them personally.

I was surprised that more than half the class picked a children's book. This might be less surprising in Japan, where manga, anime, and cute culture are so popular among children and adults. In the U.S., there's a stronger

ですが、学生たちはなぜ自分がその1点を選んだのか、それが自分個人について何を伝えるものなのかを説明できるよう、準備しておかなければなりませんでした。

　驚いたことに、クラスの半数以上が子ども向けの本を選びました。これが日本なら、それほど驚きはしないでしょう。日本では漫画やアニメ、そしてかわいい文化が、子どもにも大人にも大変人気がありますから。アメリカでは、

line between adult and kid culture, but maybe that's changing. In class, we talked about why so many brought their favorite childhood books, and here's what they said. Leaving home and being college freshmen was extremely [6]stressful; they chose books they loved as children for [7]comfort and to [8]reconnect with simpler feelings.

[9]Fast forward to the present as the [10]coronavirus [11]pandemic shuts down communities across the globe. This is a time we all need comfort. Remembering what

---

[6] stressful ストレスの多い、精神的に疲れる
[7] comfort 安らぎ、心地よさ
[8] reconnect with ～ ～と再びつながる、～を思い起こす
[9] fast forward to ～ ～まで（一気に）話を進めると
[10] coronavirus コロナウイルス
★ここでは「新型コロナウイルス感染症」を指す。
[11] pandemic パンデミック
★深刻な感染症が世界的に大流行すること。

　大人と子どもの文化の間にもっとはっきりした境界線がありますが、たぶんそれが変わりつつあるのでしょう。授業では、なぜこれほど多くの学生が子どもの頃のお気に入りの本を持って来たのかについて話し合いました。彼らの言い分はこうです。実家を離れて大学1年生として過ごすのは極めてストレスのかかることだった。そこで、子どもの頃に大好きだった本を、癒やしとして、また、もっと純朴だった頃の気持ちを思い起こすために選んだのだ、と。
　話を進めて、今、コロナウイルスの蔓延によって全世界で地域社会が封鎖されています。今こそ、私たちは皆、癒やしを必要としています。学生たちの

my students said, I started thinking about some of my own favorite childhood books. And, [12]sure enough, just thinking about them brought peaceful feelings. One of those books is [13]*The Red Balloon* by the French author [14]Albert Lamorisse.

Even now, I can see this book [15]vividly in my mind. The pictures are not illustrations; they're [16]stunning photographs. And the main character, a little boy named Pascal, is actually the author's son. The photos tell the story of him finding a bright red balloon that

---

[12] sure enough　確かに、思ったとおり
[13] *The Red Balloon* 『赤い風船』
★アルベール・ラモリスが監督・脚本を務め、1956年に公開された同名のフランス映画を基に、アメリカの出版社Doubledayから本が出版された。日本では絵本画家のいわさきちひろが絵本化し、1968年に『あかいふうせん』(偕成社)を出版した。

[14] Albert Lamorisse　アルベール・ラモリス
★(1922-70)。フランス人の映画監督、プロデューサー、脚本家。『赤い風船』でアカデミー脚本賞とカンヌ国際映画祭の短編パルム・ドールを受賞。
[15] vividly　生き生きと、鮮やかに
[16] stunning　見事な、とても美しい

話を振り返る中で、私は自分自身が子どもの頃に気に入っていた本について考え始めていました。そして、確かに、それらについて考えることで気持ちが落ち着いたのです。そうした本の一つが、フランス人の作家アルベール・ラモリスによる『赤い風船』です。
　今でも、この本を鮮やかに脳裏に浮かべることができます。掲載された図版は絵ではなく、とてもすてきな写真なのです。そして主人公は、パスカルという名の小さな男の子で、実のところ、著者の息子です。写真が伝える物語は、彼が鮮やかな赤い風船を見つけ、その風船が彼の忠実な友になるとい

becomes his ⓱constant companion. We see the balloon following Pascal's bus; Pascal scolding the balloon when it ⓲teases him; Pascal meeting a pretty little girl with her own bright blue balloon; and so many more. I loved all these photos as a kid and I still do.

⓳In some ways, *The Red Balloon* is a sad story, but it's also a story of great imagination and ⓴triumph. It's

---

⓱ constant companion　忠実な友
⓲ tease　〜をからかう、〜をいじめる
⓳ in some ways　ある意味で
⓴ triumph　勝利

うものです。風船がパスカルの乗ったバスを追い掛けるさま、パスカルが自分をからかう風船を叱るところ、パスカルが鮮やかな青い風船を持ったかわいい少女に出会う様子、さらにとてもたくさんの場面があります。私は子どもの頃、どの写真も大好きでした。今でもそうです。
　ある意味で『赤い風船』は悲しい話ですが、素晴らしい想像力と勝利の物

about ㉑overcoming difficulty and ㉒soaring, ㉓literally, as you see in the final unforgettable photo. If you've never seen it, I hope you will. There's even a short film version with all the same characters, including Pascal, made in 1956.

So, tell me, what was your favorite childhood book?

July 2020

㉑ overcome 〜に打ち勝つ 　　　　㉓ literally 文字どおりに
㉒ soar 舞い上がる

語でもあります。困難に打ち勝ち、文字どおり舞い上がることを描いたものです。最後の忘れ難い写真を見るとわかります。一度も見たことがないのであれば、ぜひ見てください。短編映画版もあり、パスカルを含めて登場人物は皆同じです。1956年の製作です。
　さて、教えてください。あなたの子どもの頃のお気に入りの本は何でしたか？

True/False Review　内容理解クイズ　　解答と日本語訳 ▶ p. 219

エッセイの内容と合っていれば **T**（True）を、違っていれば **F**（False）を選びましょう。

1. Hetherly asked her students to go to the library and check out their favorite children's book.　**T / F**

2. According to Hetherly, *The Red Balloon* was written in 1956.　**T / F**

Reading With My Sister
姉との読書

✳

読書は基本的に孤独な作業ですが、
読んでいる本や読み終えた本について人と語り合うとき、
個人的だったはずの体験が思わぬ広がりと発見につながります。
そうした「共有がもたらす楽しさ」も、読書の醍醐味と言えそうです。

Like little sisters everywhere, I grew up ❶in the shadow of my big sister. She was smart, pretty, and favored by her teachers and our mother. But what the adults who ❷adored her didn't see was how ❸mean she could be. She ❹bullied me ❺in subtle ways and seemed ❻annoyed by everything I did and said. We've grown

---

❶ in the shadow of ~　～の陰で、～より目立たずに
❷ adore　～を熱愛する、～が大好きである
❸ mean　意地悪な
❹ bully　～をいじめる
❺ in a subtle way　巧妙な方法で、目立たない方法で
❻ annoyed by ~　～にいらいらして

　妹なら誰もがそうであるように、私は姉の陰で育ちました。彼女は頭が良くかわいくて、先生たちや母のお気に入りでした。けれども彼女をかわいがる大人たちが知らなかったのは、彼女がいかに意地悪になることがあったかということです。彼女は私を目立たないやり方でいじめて、私がすることや言うことすべてにいらいらしているようでした。長年かけて私たちは親しく

closer over the years, but even she admits she was a mean sister ❼back then.

My sister lives far away, so we ❽typically only get together once every two or three years. The last time she visited, ❾things didn't go so well, and I felt some of those old childhood feelings between us again. After she

---

❼ back then　その当時は、あの時には　　❾ things go well　事がうまく運ぶ
❽ typically　通常は

なりましたが、彼女自身も当時は意地悪な姉だったことを認めています。
　姉は遠く離れて住んでいるので、私たちは通常２、３年に１度しか会いません。前回彼女が訪ねて来たときはあまりうまくいかず、子どもの頃に私たちの間にあったあの感情を、再びいくらか味わいました。彼女が家に帰ってから、

went back home, we didn't talk much for a long time.

Then the pandemic hit. During the ❿isolation phase, before ⓫vaccines were widely available, I ⓬came to ⓭appreciate my older sister a great deal. She was my ⓮constant and most ⓯reliable human companion during that time, as we spent hours talking on the phone, often about the books we were reading. For me, the ⓰silver lining of those two years of ⓱solitude is not only that my sister and I became close again but that those long book discussions have now become a permanent and ⓲treasured part of our relationship.

---

❿ isolation phase　隔離期間
⓫ vaccine　ワクチン
⓬ come to do　〜するようになる
⓭ appreciate　〜をありがたく思う、〜の真価を認める
⓮ constant　誠実な、忠実な
⓯ reliable　信頼できる

⓰ silver lining　希望の光、良い面
★lining は「裏地」の意。Every cloud has a silver lining. (どんな雲も裏は銀色に輝いている) ということわざに基づく比喩。
⓱ solitude　孤独
★p. 76、4行目の solitary は形容詞で「単独の、独りでする」の意。
⓲ treasured　貴重な

長い間私たちはあまり話をしませんでした。
　そしてパンデミックが襲いました。隔離期間中、ワクチンが広く行き渡る前に、私は姉のことを大いにありがたく思うようになりました。その期間中、彼女は誠実で最も信頼できる私の友人であり、私たちは電話で、主に読んでいる本について話しながら何時間も過ごしました。私にとって、あの孤独な2年間の明るい面は、姉と私がまた仲良くなれたことだけでなく、あの長時間の読書談議が今や私たちの関係における不変で貴重な一部となったことです。

❿Not surprisingly, we don't always like the same books, but we both especially like reading ⓴contemporary fiction. We recommend our favorites to each other and sometimes read the same book at the same time. Recently, we ㉑went through an ㉒Ann Patchett phase (her recommendation) and a ㉓Jonathan Franzen phase (my recommendation), which gave us lots of books to talk about since both authors are ㉔prolific. By the way, Patchett's personal essays are also excellent. My sister and I both value good writing and beautiful language, ㉕relatable characters, and a ㉖compelling

---

❿ not surprisingly　当然のことながら
⓴ contemporary fiction　現代小説
㉑ go through ~　~を経る、~を終える
㉒ Ann Patchett　アン・パチェット
　★(1963-)。アメリカの作家。
㉓ Jonathan Franzen
　ジョナサン・フランゼン
　★(1959-)。アメリカの作家、批評家。

㉔ prolific　多作の
㉕ relatable　共感できる
㉖ compelling　感動的な、思わず引き込まれる

　当然のことながら、私たちはいつも同じ本を好むわけではありませんが、二人とも特に現代小説を読むのが好きです。互いにお気に入りの本を薦め合い、時には同じ本を同時に読むこともあります。最近私たちは、アン・パチェット期（彼女のお薦め）と、ジョナサン・フランゼン期（私のお薦め）を過ごし、どちらの作家も多作なので、話し合う本には事欠きませんでした。ちなみに、パチェットの個人的なエッセイも秀逸です。姉も私も、優れた文章や美しい言葉、共感できる登場人物、思わず引き込まれるストーリーを高く評価します。

story. Technique is fun to talk about, too, like why so many writers these days use different characters to [27]narrate each chapter.

The experience of reading itself is solitary and extremely personal. In these talks with my sister, I've realized what's most important to me about a book is how it makes me feel when I'm reading it. That's hard to

---

[27] narrate　〜を物語る

テクニックについて、例えば、近頃多くの作家が章ごとに違う登場人物に語らせるのはなぜなのか、といったことを話し合うのも楽しいものです。
　読書体験そのものは独りでする極めて個人的なことです。姉とこうした会話をする中で、本に関して自分が一番大切にしていることは、読んでいるときにどんな気持ちになるかだということに気付きました。明確に述べるのは

[28]articulate, but something [29]expansive happens when a book really speaks to you. I'm always searching for that expansive experience, as I believe most of us who love books are. And when I find it, [30]I'm grateful to be able to share it with my sister.

September 2022

---

[28] articulate　明確に述べる
[29] expansive　広大な、開放的な

[30] be grateful to do　〜することをありがた
く思う

難しいのですが、本がまさに自分に語り掛けてくるとき、何かが広がるのです。本を愛する人ならほぼ誰もがそうなのだと私は信じながら、いつもその広がる体験を探し求めています。そしてそれが得られたとき、姉とそれを分かち合えることがありがたいのです。

True/False Review　内容理解クイズ　解答と日本語訳 ▶ p. 219

エッセイの内容と合っていれば **T**（True）を、違っていれば **F**（False）を選びましょう。

1. Hetherly says that during the pandemic, she and her sister moved in together.　**T / F**

2. According to Hetherly, both she and her sister enjoy reading contemporary fiction.　**T / F**

Chapter

3

犬との暮らし

+ —— + —— +

Rescue
救い、救われること
080

+

Lessons From Our Dogs
飼い犬たちから学ぶこと
086

+

Talking Dogs?
言葉を話す犬?
092

+

Gracy Goes Viral
グレイシー、バズる
098

+

Paloma
パロマ
104

Rescue
救い、救われること

❋

へザリさんの文章にしばしば登場する愛犬たちは、
大切な家族であり、苦楽をともにしてきた同志のような存在です。
このエッセイでは、へザリさんが日本からアメリカに戻って
最初に飼った犬、グレイシーとの出会いが語られます。

About seven years ago, I was living alone and at ❶one of those ❷crossroads in life. Rather than bore you with the details, I'll go straight to the conclusion: I needed a ❸loyal, loving companion. In other words, I needed a dog. I knew exactly what I wanted, so it was just a matter of finding one.

---

❶ one of those ~ 　～の類いの一つ　　　　❸ loyal　忠実な、誠実な
❷ crossroads　岐路
　★この意味では通例、複数形。

7年ほど前、私は一人暮らしをしており、何度目かのいわゆる人生の岐路に立っていました。詳しく話しても退屈させてしまうことになるので、単刀直入に結論を言いましょう。私には忠実で愛情あふれる仲間が必要だったのです。つまり、犬を必要としていたわけです。どんな犬が欲しいかははっきりとわかっていたので、あとはそれを見つけるだけでした。

I ❹had my heart set on a white ❺Shiba puppy. There's nothing cuter than a white ❻fur ball that looks like a tiny ❼polar bear. That was part of it, but I also wanted a little piece of Japan in my Texas life. At that time, the Shiba Inu, as Americans call them, were not well-known. That was before the Internet ❽sensation of the

---

❹ have one's heart set on ~　～を心に決める
❺ Shiba (Inu)　柴犬
　★日本産の小型犬。
❻ fur　毛皮、柔らかい毛
　★ここでは、毛のふさふさしたボールの
　ような子犬を fur ball と呼んでいる。
❼ polar bear　ホッキョクグマ、シロクマ
❽ sensation　大評判、大騒ぎ

　　私が心に決めていたのは白い柴犬の子犬でした。とびきり小さなシロクマ
のように見える、白いモコモコの丸っこい子犬ほど、かわいいものはありま
せん。でもそれだけでなく、テキサスでの暮らしにちょっとした日本らしい
ものが欲しい、という気持ちもありました。当時、アメリカ人が呼ぶところ
のシバイヌは、あまり知られていませんでした。ドッジミームがインターネッ

[9]doge meme, which has made them a lot more popular. But in 2010, it was tough to find a breeder, especially for white puppies. I finally found one in Minnesota, a long, long way from Texas. With [10]airfare, it would cost more than $1,000. But, like I said, my heart was set, so I paid the [11]deposit and began the long wait until the puppy was old enough to come live with me.

Then I started reading — and the doubts [12]crept in. Was a Shiba really the right [13]breed for me? Described

---

[9] doge meme
★doge は dog（犬）を表す俗語、meme は「インターネットを通じて広まる面白ネタ、さまざまな加工が施されてインターネット上で拡散される動画や画像」のこと。2013年、日本人によるブログがきっかけで、柴犬の写真にせりふを書き加えた画像がインターネット上で人気となり、doge meme と呼ばれるようになった。

[10] airfare　航空運賃
[11] deposit　保証金、手付金
[12] creep in　忍び込む
[13] breed　血統、種類

トを席巻する前の話で、あれのおかげで、柴犬の人気がずいぶん上昇してきたわけです。けれども2010年にはブリーダー、特に白い（柴犬の）子犬のブリーダーを見つけるのは難しかったのです。ようやく見つけたブリーダーは、テキサスから遠く離れたミネソタにいました。航空運賃を含めると1000ドル以上かかります。けれども先述のとおり、私の心は決まっていたので、保証金を支払い、子犬が十分に成長して私の下で暮らせるようになる日を、首を長くして待ち始めました。

　その後、（柴犬について）書かれたものを読み始めると──疑念が頭をもたげてきました。柴犬は本当に私にぴったりの犬種だったのかしら？「脱走名

as an "⓮escape artist," "⓯stubborn," and "difficult to train," this breed seemed to need a more experienced owner. ⓰To make a long story short, that little white puppy never got on the plane to Texas.

I decided to look for a ⓱Labrador puppy at the local ⓲animal shelter and, instead, fell in love with Gracy, a 2- to 3-year-old mixed-breed dog. And guess what? Gracy is stubborn and difficult to train, but I wouldn't give her up ⓳for anything.

⓮ escape artist　脱獄の名人、縄抜けの曲芸師
⓯ stubborn　頑固な、強情な
⓰ to make a long story short　手短に言うと、早い話が

⓱ Labrador (retriever)　ラブラドルレトリバー
★猟犬の一種で、盲導犬や警察犬としても活躍する。
⓲ animal shelter　動物保護施設
⓳ for anything　（否定語と共に用いて）何をもらっても絶対に（〜しない）

人」「頑固」「しつけにくい」などと言われるこの犬種には、もっと経験豊富な飼い主が必要だと思えたのです。結論を言ってしまうと、その白い小さな子犬がテキサス行きの飛行機に乗ることはありませんでした。
　私は地元の動物保護施設でラブラドルの子犬を探そうと決めたのですが、ラブラドルではなく、2、3歳の雑種犬だったグレイシーに恋をしてしまったのです。そして、どうなったと思います？　グレイシーは頑固でしつけにくい犬ですが、私は代わりに何をもらおうとも、彼女を手放すことなど絶対にないでしょう。

Since then, I've become a strong ❷⓪advocate for
❷①adopting from shelters. Many of them, like the one
Gracy came from, are "kill shelters." Dogs that aren't
adopted in a certain amount of time are killed. These
dogs ❷②desperately need good homes and are often in a
shelter because their people were bad, not ❷③the other
way around. Fortunately, a lot of people feel like I do
and are proud to say their dogs are "shelter dogs" or

---

❷⓪ advocate　支持者、擁護者
❷① adopt　養子をもらう、動物などを（家族
　や集団の一員として）引き受ける

❷② desperately　必死に、のどから手が出る
　ほど
❷③ the other way around　反対に、逆に

　それ以来、私は保護施設の動物の里親になることを熱心に支持するように
なりました。保護施設の多くは、グレイシーがいた施設のように「殺処分所」
です。一定の期間内に里親が現れないと、犬は殺されてしまいます。こうし
た犬たちは良い里親を切実に必要としており、多くの場合、保護施設にいる
のは飼い主が悪かったからであって、その逆ではありません。喜ばしいことに、
多くの人が私と同じように感じており、自分の飼い犬が「保護施設にいた犬」

"rescues." There's also a strong movement to turn kill shelters into "no-kill" ones.

I know I would have loved that Shiba puppy, but I also know she has a good home with someone else. I was probably Gracy's last chance, and [24]it turns out we rescued each other.

July 2017

---

[24] it turns out (that) ...　……だとわかる、
結局……ということになる

> や「救出された犬」であると胸を張って言います。また、殺処分所を「殺さない」施設に変える運動も盛んです。
>
> 　私があの柴犬の子犬を飼っていたなら、とてもかわいがったはずだということはわかっていますが、彼女にほかの良い飼い主がいることもわかっています。私はおそらく、グレイシーにとっての最後の頼みの綱だったでしょうし、結果的に、私たちはお互いを救い合ったのです。

True/False Review　内容理解クイズ　　解答と日本語訳 ▶ p. 219

エッセイの内容と合っていれば **T**(True)を、違っていれば **F**(False)を選びましょう。

1. The first dog that Hetherly adopted was a white Shiba Inu.
T / F

2. Hetherly says that most people are embarrassed to say that their dog is a "rescue" dog.　**T / F**

Lessons From Our Dogs

飼い犬たちから学ぶこと

✳

動物を飼ったことがある人なら、自分が動物から
与えてもらったものを次々に挙げることができるでしょう。
その中でも、動物が人間に「教えてくれるもの」について
問われたら、あなたは何と答えますか？

Gracy is my ❶eccentric dog. When I got her, she was 2 or 3 years old, and I knew nothing about her past. Sometimes her behavior was odd, so I ❷assumed previous owners had ❸mistreated her. I was sure I could "❹fix" her with lots of love and attention.

When I say eccentric, I don't mean it in a bad way.

---

❶ eccentric　風変わりな、常軌を逸した
　★p. 87、4行目のeccentricは名詞で、
　「奇人、変人」の意。
❷ assume　（明確な根拠なく）～と想定す
　る、～と臆測する

❸ mistreat　～を虐待する
❹ fix　～を治す、～を修理する

　グレイシーは、私が飼っているeccentric（風変わり）な犬です。引き取っ
たとき、彼女は2、3歳で、それ以前のことについて、私は何も知りませんで
した。時々変な振る舞いをすることがあったので、前の飼い主たちに虐待さ
れたのではないか、と推測していました。たっぷり愛情を注いで世話をすれ
ば彼女を「治す」ことができる、と私は確信していました。
　eccentricと言っても、悪い意味ではありません。この言葉の文字どおり

It [5]literally means "outside the center" and suggests someone who's [6]unconventional or does things differently from others. Some of my favorite people are eccentrics, and Gracy, like them, seemed to live in her own world. Sometimes she hid behind furniture, [7]peeking out at me, or spent an entire [8]thunderstorm

---

❺ literally　文字どおりには
❻ unconventional　型にはまらない、とても変わった
❼ peek out at ～　～をちらっとのぞく
❽ thunderstorm　激しい雷雨

の意味は「中心から外れた」という意味で、しきたりにとらわれない人や、物事のやり方がほかの人とは違う人などを指しています。私の大好きな人たちの中にも風変わりな人はいますし、グレイシーも彼らと同じように、独自の世界に生きているように見えたのです。時折、グレイシーは、家具の後ろに隠れて私をこっそりのぞき見たり、激しい雷雨の中、ずっと木の下で過ごし、

under a tree, refusing to come in the house. Thinking she might be lonely, I got her a kitten and a puppy for ❾companionship. Eight years later, her behavior can still be just as mysterious as the day I got her. But now I understand: She doesn't need to be fixed. She's Gracy, she's eccentric, and we love each other ❿beyond words.

Last summer, a good friend from Japan came to visit and brought her husband. He wanted to see the ⓫total solar eclipse, so they stayed with me for a week before traveling to the ⓬Grand Tetons in Wyoming. While she

---

❾ companionship　仲間としての付き合い、交友
❿ beyond words　言葉では言い表せないほど
⓫ total solar eclipse　皆既日食

⓬ Grand Tetons　グランド・ティートン★アメリカ、ワイオミング州北西部のティートン山脈の最高峰で、一帯が国立公園になっている。

　家に入ることを拒んだりしました。寂しいのではないかと思い、友達になるようにと、子猫と子犬を彼女と一緒に飼ってやりました。8年たちますが、今でも引き取った日と同じように、不思議な行動を取ることがあります。でも、今はもうわかっています。彼女を治す必要などないのだと。これがグレイシーであり、風変わりだけれど、私たちは言葉にできないくらい、お互いを愛しているのだと。
　去年の夏に、仲良しの日本の友人が、夫同伴で遊びに来てくれました。彼女の夫が皆既日食を見たいということで、夫妻は私の家に1週間滞在してから、ワイオミング州のグランド・ティートンへ行ったのです。彼女と私がぺちゃ

and I ⓭chattered and laughed and cooked together, he read quietly, worked on his ⓮laptop, watched TV, or sat with us. It was comfortable, and they both ⓯bonded with the dogs.

As usual, Gracy ⓰kept to herself a lot, until the day we all went to the river. When I said, "Go for a swim?" she jumped around and ⓱howled. At the river, she ⓲fetched the ball again and again and didn't want to stop. She was so happy and excited my friends couldn't believe it was the same dog.

⓭ chatter　ぺちゃくちゃしゃべる
⓮ laptop　ラップトップ型コンピューター、ノートパソコン
⓯ bond with ~　〜と親密になる
⓰ keep to oneself　他者と交わらない
⓱ howl　遠ぼえする
⓲ fetch　〜を取ってくる

くちゃとおしゃべりをして笑いながら一緒に料理をしている間、彼は静かに読書をしたり、ノートパソコンで仕事をしたり、テレビを見たり、あるいは私たちと一緒に座っていたりしました。心地よい時を過ごし、彼らは二人とも、うちの犬たちと仲良くなりました。
　例によって、グレイシーは、かたくなに自分の殻に閉じこもっていましたが、みんなで川へ出掛けた日に、様子が変わりました。私が「泳ぎに行く？」と言うと、グレイシーは跳び回り、遠ぼえしました。川では何度も何度もボールを取りに行き、やめたがりません。あまりにも喜び、興奮しているので、友人夫妻はこれが同じあの犬だとは信じられなかったほどです。

That next week, I heard from my friend in
Wyoming. She said when her usually calm, quiet
husband saw the eclipse, he was as happy as Gracy going
to the river. She didn't always understand her husband's
actions or his [19]manner, she told me later, and
sometimes they communicated very differently. But
now, when she has a hard time understanding him, she

---

[19] manner （個人の）やり方、態度、物腰

その翌週、ワイオミングへ行った友人から連絡が来ました。彼女いわく、い
つもは穏やかで物静かな夫が、日食を見るや、川に行ったときのグレイシー
のように喜んだのだとか。夫の行動や流儀をいつも理解できるわけではなかっ
たし、時に、二人は気持ちの伝え方が全然違っていた、と彼女は後になって
教えてくれました。けれども今では、夫を理解し難く感じるときには、「ああ！

just thinks, "Oh! He's being like Gracy right now!" and that makes her laugh and feel ⁰at peace.

Being together, being loyal, loving ㉑unconditionally — those are the important things. Dogs have many lessons to teach us if only we can see them.

January 2018

⓴ at peace　心が安らいで、平和で
㉑ unconditionally　無条件に、絶対的に

彼は今ちょうど、グレイシーみたいな状態なのね！」と思うのだそうです。そう考えれば、笑えてきて、心が安らぐのだとか。
　一緒にいること、誠実であること、無条件に愛情を傾けること――それが大切なのです。犬はたくさんのことを教えてくれます、こちらがそうした教えを理解できさえすれば。

True / False Review　内容理解クイズ
解答と日本語訳 ▶ p. 220

エッセイの内容と合っていれば **T**(True)を、違っていれば **F**(False)を選びましょう。

1. According to Hetherly, her dog, Gracy, behaves like any normal dog.　**T / F**

2. According to Hetherly, her friend's husband was very happy and animated when he saw the solar eclipse.　**T / F**

🔊 13

Talking Dogs?
言葉を話す犬？

✳

「もし動物が人間の言葉を話せたら」という想像と願望は、
古今東西の「言葉を話す動物たち」の物語や映像として結実してきました。
でも、言葉を話せないからこそ、彼らは私たちと特別な絆を
結ぶことができるのかもしれません。

I've always been glad that dogs don't talk. As one of my refrigerator ❶magnets says, "It is no ❷coincidence that ❸man's best friend cannot talk." Unlike many of our human "best friends," our dogs are best friends for life.

Books and movies with talking dogs ❹baffle me. I'm

---

❶ magnet　磁石、マグネット
★ここではマグネット式のステッカーのこと。
❷ coincidence　偶然の一致

❸ man's best friend　人間の最良の友
★犬のことを指す決まり文句。
❹ baffle　〜を困惑させる

犬が言葉を話さなくてよかったと私はいつも思っています。私の冷蔵庫に貼っているマグネット・ステッカーの一つにもあるように、「人間の最良の友が言葉を話せないのは偶然ではない」のです。人間の「親友」の多くとは違い、飼い犬は一生の親友となります。
　言葉を話す犬が本や映画に出てくると、私は戸惑います。そのすべてを嫌

not saying I dislike them all — **⑤**_Isle of Dogs_ is one of my favorite movies, for example. But, really, who are we as humans to pretend to know what dogs think? They're better than we are **⑥**in many ways. And there are great advantages to them not talking.

---

⑤ _Isle of Dogs_ 『犬ヶ島』
★2018年にアメリカとドイツで共同製作されたストップモーション・アニメーション映画。

⑥ in many ways　いろいろな意味で

だと言っているわけではありません――例えば、『犬ヶ島』はお気に入りの映画の一つです。でも実のところ、犬が何を考えているかわかるふりをするなんて、私たち人間は何様のつもりなのでしょうか？　いろいろな意味で犬は私たちより優れています。そして、言葉を話さない犬には大きな利点があるのです。

While dogs and their humans do get mad at each other ❼from time to time, dogs never argue with us or say ❽hurtful things. I heard a lot of stories about relationship problems during the long months of ❾coronavirus quarantine: parents fighting with their kids, couples realizing they didn't like each other, ❿abusive relationships becoming more abusive — but I never heard a story of anyone getting tired of being with their dog. In fact, ⓫animal shelters had ⓬a record number of ⓭adoptions during the ⓮pandemic, with

---

❼ from time to time　時々
❽ hurtful　傷つける（ような）
❾ coronavirus quarantine　コロナウイルス
　による隔離
❿ abusive　虐待の
⓫ animal shelter　動物保護施設

⓬ a record number of ~　史上最多の～、
　記録的な数の～
⓭ adoption　養子縁組、引き取り
⓮ pandemic　パンデミック
　★深刻な感染症が世界的に大流行する
　こと。

　犬やその飼い主たちは、時々お互いに腹を立てますが、犬は決して私たちと言い争ったり、傷つけるようなことを言ったりしません。何カ月にもわたったコロナウイルスによる隔離期間中、人間関係の問題についての話をたくさん耳にしました。子どもとけんかする親、互いに好きではないと気付いたカップル、ますますひどくなった虐待の関係など——けれども、犬と一緒にいるのが嫌になった人の話は一つも聞きませんでした。それどころか、パンデミックの間、動物保護施設から引き取られた件数は史上最多となり、完全に空になっ

some shelters ⓯emptying out completely. Dogs and cats
⓰got many of us through all those months of ⓱isolation,
partly, I believe, because they don't talk.

Besides, as any dog lover knows, they communicate
fine without words. For example, I know ⓲for sure that
my two dogs don't ⓳believe in sleeping late on
weekends. If I try, they jump on and off the bed, walk
on me, and ⓴chew the sheets. They also let me know
when I've been on my phone or computer too long by
㉑getting in my face, barking, or ㉒pawing me. And the

⓯ empty out 空になる
⓰ get A through B AにBを乗り切らせる
⓱ isolation 隔離
⓲ for sure 確実に、確かに

⓳ believe in ~ ～の正当性を信じる
⓴ chew ～をかむ
㉑ get in someone's face ～に付きまとう
㉒ paw ～を前足でたたく

た施設もいくつかあったほどです。隔離されていたあの数カ月間を、私たち
の多くが犬や猫のおかげでずっと乗り切れたのは、犬や猫が言葉を話さない
ことが理由の一つだと私は思います。
　しかも、愛犬家なら誰でも知っているように、言葉を使わなくても、犬は
問題なく思いを伝えます。例えば、週末に朝寝することを私の2匹の犬がい
いと思っていないことは確実にわかります。私が寝ていようとすると、犬た
ちはベッドに飛び乗ったり降りたり、私の上を歩いたり、シーツをかんだり
します。私が長時間スマートフォンやパソコンを使っているときにも、私に
付きまとったり、ほえたり、前足でたたいたりして、長過ぎると伝えます。ま

way they follow me around and gaze into my face a
thousand times a day — if that's not love, I don't know
what is. As another one of my refrigerator magnets says,
"I want to be the person my dog thinks I am."

   Here's one exception: I would like to know what
they dream about. Sometimes they ㉓twitch and ㉔yap
and ㉕growl while sleeping. Are they having great
adventures, like chasing deer through a field or

㉓ twitch　ぴくぴく動く
㉔ yap　（犬などが）ほえ立てる

㉕ growl　（動物が）うなる

た、私の後を付いて回り、一日に何度も私の顔を見つめます——それが愛で
なければ、何だというのでしょう。冷蔵庫の別のマグネット・ステッカーに
あるように、「犬が思ってくれているような私になりたい」ものです。
　例外が一つあります。犬たちが何を夢見ているのか私は知りたいのです。
犬たちは寝ている間に、ぴくぴく動いたり、ほえたり、うなったりすること
があります。素晴らしい冒険をしているのでしょうか？　例えば、野原で鹿

protecting me from bears? Or are they having
❷❻nightmares? Should I wake them or let them dream? I
like to think they're having adventures. Plus, research
shows it's best not to interrupt ❷❼REM sleep, so I don't.
Sure, I'd love to know their dreams, but I'm still glad
they can't tell me. A little mystery in a relationship is
always a good thing.

January 2021

---

❷❻ nightmare　悪夢

❷❼ REM sleep　レム睡眠
★REM = rapid eye movement（急速
眼球運動）。脳が活動して夢を見ている
睡眠状態のこと。

を追い掛けたり、熊から私を守ったり。それとも悪い夢を見ているのでしょ
うか？　起こすべきか、それとも夢を見させておくべきでしょうか？　冒険
をしているのだと私は思いたいです。それに、研究によれば、レム睡眠を妨
げない方がよいというので、私は起こしません。確かに、犬たちの夢をぜひ
知りたいですが、それについて犬たちが話せないのも、やはりいいことだと思っ
ています。ちょっとした謎がある関係はいつでもいいものです。

True/False Review　内容理解クイズ　　　解答と日本語訳 ▶ p. 220

エッセイの内容と合っていれば **T**（True）を、違っていれば **F**（False）を選びましょう。

1. According to Hetherly, one of the reasons why she likes the
fact that dogs don't talk is because they never argue with
humans.　**T / F**

2. Hetherly heard stories about people having problems being
with their dogs during the coronavirus quarantine.　**T / F**

Gracy Goes Viral

グレイシー、バズる

※

へザリさんの愛犬グレイシーが、ひょんなことから
Twitter で人気者に!?
へザリさんにとってもグレイシーにとっても初めての
「バズる」という経験と、その顛末が語られます。

The other day, I noticed a lot of people posting
pictures of their dogs' ears on Twitter. Well, I happen to
think my dog Gracy, a **❶**Shar-Pei mix, has the cutest ears
❷on the planet, so, of course, I had to join the
conversation and post a picture of her. I had no idea
what was coming.

Title go viral （インターネットや口コミで）
急速に広まる、話題になる、バズる
❶ Shar-Pei　シャーペイ
★中国原産の中型犬種。頭が大きく耳が
小さい。

❷ on the planet　地球上で

先日私は、多くの人が飼い犬の耳の写真を Twitter に投稿しているのに気
が付きました。ええ、たまたま私は、シャーペイの雑種である飼い犬のグレイ
シーが地球上で一番かわいい耳をしていると思っているので、当然、その会
話に参加せずにはいられなくなり、彼女の写真を投稿しました。何が起こる
かまったくわかっていなかったのです。

❸It wasn't long before a ❹direct message appeared
from the popular account called ❺We Rate Dogs saying,
"❻omg send more of those tiny ears." Thrilled, I quickly
responded with ❼a bunch of pictures, and they answered:
"hi! let us know when you have a second to talk."
"Happy to talk now!" I replied and sent my phone

---

❸ it isn't long before ...　間もなく……
❹ direct message　ダイレクトメッセージ
　★TwitterなどのSNSで、特定の相手
　に直接送信できるメッセージ。＝DM。
❺ We Rate Dogs
　★面白いコメントを付けて投稿された犬
　の写真を評価するTwitterアカウント。

2015年にアメリカの大学生が始めた。
❻ omg　あら、まあ
　★＝oh my gosh[god]。なお、この引
　用文や2行下の引用文のように、SNS
　やメッセージでは、文の先頭の文字を大
　文字にしないことも多い。
❼ a bunch of ~　たくさんの～

　間もなく、We Rate Dogsという人気アカウントからのダイレクトメッセー
ジ（DM）が表示され、「まあ、その小さな耳をもっと送って」と言われました。
わくわくしながら、私がすぐにたくさんの写真を付けて返信すると、彼らか
ら「こんにちは！　少し話をする時間ができたら知らせてください」と返事
がありました。私は「喜んで、今話しましょう！」と返信して、電話番号を送

number. That shows how old I am. They didn't mean talk on the phone, **⑧dummy** — they wanted to **⑨chat** by DM 😐

⑩Long story short, We Rate Dogs picked a couple of photos and asked me to ⑪tweet them with a message and ⑫hashtag. They would ⑬retweet with a response. So, I did. Then they did. And immediately, it was like my biggest pachinko win ever. My laptop ⑭went ding, ding, ding, ding, ding, ding with ⑮likes and comments ⑯pouring in nonstop for what seemed like a ⑰solid hour.

---

⑧ dummy　ばか、間抜け
⑨ chat　チャットする　★リアルタイムでメッセージを送信し合うこと。
⑩ long story short　手短に言うと　★ = to make a long story short.
⑪ tweet　〜をツイートする　★Twitterで投稿すること。
⑫ hashtag　ハッシュタグ　★SNSでワードやトピックを検索しやすくするための記号（#）とそのキーワードのこと。
⑬ retweet　リツイートする　★Twitterで誰かのツイートを別の人がそのままツイートして、さらに広めること。
⑭ go ding　リンと鳴る
⑮ like　いいね　★SNSで誰かの投稿に対して気に入ったことを示すこと。
⑯ pour in　押し寄せる、殺到する
⑰ solid　正味の、ぶっ続けの

りました。年齢がばれますね。彼らは電話で話すつもりなどなくて、ばかですね——DMでチャットがしたかったのです 😐
　かいつまんで話せば、We Rate Dogsは写真を2枚選び、私にその写真をメッセージとハッシュタグを付けてツイートしてほしいと頼みました。彼らがそれに応えてリツイートするとのことでした。私がそのとおりにすると、彼らもそうしました。するとたちまち、今までに経験したことのない、パチンコの大当たりのような状態になったのです。私のノートパソコンはリン、リン、リン、リン、リン、リンと鳴り、いいねやコメントがひっきりなしに殺到して、丸1時間続いたようでした。5日たってもまだぽつぽつ来ます——今

And five days later, they're still **⑱**trickling in — now at close to **⑲**41k!

But here's the really cool thing. The entire ear **⑳**promotion by We Rate Dogs was for a great cause. The hashtag was **㉑**#EarsToVets, their Twitter campaign to show **㉒**appreciation for **㉓**veterinarians and raise **㉔**awareness about the difficulties of that **㉕**profession. They point out that vets are "3.5 times more likely to **㉖**die by suicide than the **㉗**general public." Animal lovers might think being a vet is fun, but think of the pressure,

---

❶ trickle in　ぽつぽつ来る
❷ 41k　4万1000
　★k = kilo（「1000」の意）。
❸ promotion　宣伝
❹ #EarsToVets
　★vet = veterinarian。直訳すると「獣医さんに耳を（傾けよう）」。Here's to vets.（獣医さんを祝して乾杯）に掛けた言葉遊びになっている。

❺ appreciation for ~　~への感謝の気持ち
❻ veterinarian　獣医師
❼ awareness　認識、意識
❽ profession　専門的な職業
❾ die by suicide　自殺で死ぬ
❿ general public　一般人

や4万1000件近くに上ります！
　でも、本当に素晴らしいのは次の点です。We Rate Dogsによる耳の宣伝そのものに、大きな目的があったのです。ハッシュタグは#EarsToVetsというもので、そのTwitterキャンペーンは獣医さんたちに感謝の気持ちを示し、その専門職の難しさについて認識を高めることが目的でした。獣医師は「一般の人よりも自殺する傾向が3.5倍高い」と指摘されています。動物好きの人は、獣医師になったら面白いと思うかもしれませんが、そのプレッシャー、

the sadness, the endless challenges. Those [28]adorable dog-ear tweets show vets that [29]millions of us support them and are listening.

I love that Gracy [30]had her moment of fame on Twitter and that I [31]got to experience what it means to "go viral." Especially after more than a year of COVID [32]isolation, it was fun getting all that attention. I also feel

---

[28] adorable　かわいらしい、愛らしい
[29] millions of ~　非常に多くの~
[30] have one's moment of fame　一時脚光を
　浴びる

[31] get to do　～できる機会を得る
[32] isolation　隔離

悲しみ、絶え間ない難題について考えてみてください。あの愛らしい犬の耳のツイートは、獣医師に対し、私たちの非常に多くが彼らを支援していること、耳を傾けていることを示すものなのです。
　Twitter上でグレイシーが一時脚光を浴びたことも、「バズる」とはどういうものかという経験ができたことも、私は大いに喜ばしく思っています。1年以上に及ぶ新型コロナウイルスによる隔離の後だけに、あれほど注目を浴

proud that we were able to participate in this important campaign celebrating veterinarians and their staff. I told our vet Gracy went viral and made sure she and her staff knew about the campaign. She always treats Gracy like her favorite dog in the world, and we both love her for it. Finally, I got to give something back.

October 2021

びることで楽しい思いをしました。また、獣医師と彼らのスタッフを称賛するこの重要なキャンペーンに参加できたことを誇らしくも感じています。私はかかりつけの獣医さんにグレイシーがバズったことを伝えて、彼女と彼女のスタッフにキャンペーンのことを知ってもらいました。彼女はいつもグレイシーを世界で一番お気に入りの犬のように扱ってくれるので、私もグレイシーも彼女が大好きです。私はとうとう彼女たちにお返しができたのです。

True/False Review　内容理解クイズ 解答と日本語訳 ▶ p. 220

エッセイの内容と合っていれば **T**(True)を、違っていれば **F**(False)を選びましょう。

1. According to Hetherly, a vet asked her to post a picture of her dog's ears on Twitter.　**T / F**

2. Hetherly says that her vet always treats her dog like her favorite dog in the world.　**T / F**

🔊 15

Paloma

パロマ

✳

グレイシーの友達として迎えられた2匹目の保護犬パロマは、
ヘザリ家の生活をより明るく、幸福なものにしてくれました。
そんなパロマの体に異変が……。
ヘザリさんと愛犬たちはその苦難とどう向き合ったのでしょう?

One night, I was ❶scrolling through ❷Craigslist, and the ❸adorable face of a brown puppy with big, ❹pointy ears ❺lodged itself in my heart. She looked like a little red fox. I had been wanting a companion for my 2-year-old ❻rescue dog, Gracy, so in October 2010, Paloma became the puppy of the house.

---

❶ scroll through ~　~をスクロールする
　★パソコンやスマートフォンなどの画面の見える範囲を移動させること。
❷ Craigslist　クレイグリスト
　★アメリカのCraigslist Inc.が運営するコミュニティーサイト。不要品の売買、求人、仲間の募集などが可能。

❸ adorable　かわいい、愛らしい
❹ pointy　先のとがった
❺ lodge oneself in ~　~に入ってとどまる
❻ rescue dog　救出犬、保護犬
　★本来は「(災害現場などで人々の)救助を行う犬」を意味するが、最近では「救出された犬」の意味で使われることも多い。

　ある晩、私はクレイグリストをスクロールしていて、先がとがった大きな耳をした茶色い子犬の愛らしい顔に心を奪われました。彼女は小さなアカギツネのようでした。私はうちの2歳の保護犬、グレイシーに仲間が欲しいと思っていたので、2010年10月にパロマはうちの子になりました。

From the beginning, it was clear these two had opposite personalities. While Gracy was independent and ❼moody, Paloma was ❽irrepressibly happy and loyal. Gracy got annoyed, especially when the puppy got under her ❾belly to ❿nip her legs, but ⓫eventually they became great ⓬playmates. ⓭In general, the ⓮household

---

❼ moody　気まぐれな、気分屋の
❽ irrepressibly　抑えきれずに
❾ belly　腹
❿ nip　〜にかみつく、〜をかむ

⓫ eventually　結局は、やがて
⓬ playmate　遊び仲間
⓭ in general　概して、通常
⓮ household　家庭

　この2匹の性格が正反対であることは、初めから明らかでした。グレイシーは独立心があって気分屋でしたが、パロマはたまらなく幸せそうで忠実でした。グレイシーは、その子犬が彼女の腹の下にもぐって足にかみつくことを特に嫌がっていましたが、やがて彼女たちは素晴らしい遊び仲間になりました。

was more cheerful with Paloma in it, as I tend to be more the Gracy-type myself. We both needed Paloma's ^⑮optimism.

About a year ago, I started noticing small things. When I threw the ball or her ^⑯treats, Paloma couldn't catch them like she used to, and a few weeks later, she had trouble seeing a treat held up close to her face. Her vision was failing, and within a couple of months, she couldn't see anything. The ^⑰vet sent me to a ^⑱canine eye specialist, who ^⑲diagnosed her with ^⑳SARDS, a ^㉑condition that seems to ^㉒come out of nowhere and

---

⑮ optimism　楽観主義
　★ p. 107、6行目のoptimisticは形容詞で「楽天的な」の意。
⑯ treat　おやつ、ご褒美
⑰ vet　獣医師
　★ = veterinarian。
⑱ canine　イヌ科の
⑲ diagnose A with B　AをBと診断する

⑳ SARDS　突発性後天性網膜変性症候群
　★ = Sudden Acquired Retinal Degeneration Syndrome. 網膜に原因不明の異常が突然起こり失明する、犬の疾患。
㉑ condition　疾患、病気
㉒ come out of nowhere　突然起こる

　私自身はどちらかというとグレイシーのタイプに近い方なので、パロマがいることで家庭は概してより明るくなりました。私にもグレイシーにも、パロマの楽観主義が必要だったのです。
　1年ほど前、私はちょっとしたことに気付くようになりました。私がボールやおやつを投げると、パロマは以前のようにはそれらをキャッチできなくなっており、その数週間後には顔のすぐ前に差し出されたおやつが見えにくくなっていました。彼女の視力は落ちていき、数カ月のうちに何も見えなくなってしまいました。獣医師に犬の目の専門家を紹介され、パロマは突発性後天性

causes [23]complete blindness, sometimes in less than 30 days. It's most common in middle-aged, female, [24]spayed, mixed-breed dogs. Eleven-year-old Paloma fit the description exactly.

The next couple of months were some of the saddest of my life. My [25]lighthearted, optimistic girl [26]got seriously depressed. When she woke up in the morning, instead of [27]wagging and licking me awake, she just sat up and stared [28]blankly ahead. She [29]ran into a pole in the backyard, injuring her head, but, fortunately, not too seriously.

---

[23] complete blindness　全盲
[24] spayed　（犬・猫などが）避妊手術を受けた
[25] lighthearted　快活な

[26] get depressed　落ち込む
[27] wag　（しっぽを）振る
[28] blankly　ぼんやりと
[29] run into ~　～にぶつかる

網膜変性症候群と診断されました。突然起こるらしく、時には30日もたたないうちに完全な失明を引き起こす疾患です。中年期のメスで避妊手術を経験した雑種犬が最もよくかかるのです。11歳のパロマはまさにその説明に当てはまりました。

　その後の数カ月間は、私の人生のうち最も悲しい時期の一つでした。快活で楽天的な私の子はひどく落ち込んでいました。朝起きても、しっぽを振って私の顔をなめて起こす代わりに、ただ座ってぼんやり前を見つめていました。裏庭で柱にぶつかり頭をけがしましたが、幸い、それほどひどいけがではありませんでした。

I spent those months [30]frantically collecting [31]foam pads to wrap around trees and [32]line the walls of my house, building [33]ramps and blocking off dangerous areas inside and outside, and buying [34]protective headgear, which she refused to wear. I also followed her [35]obsessively wherever she went, trying to keep her safe.

Then miraculously, little by little, she adapted, relying on [36]muscle memory, my [37]cues, and her [38]innate

---

[30] frantically　必死に、躍起になって
[31] foam pad　フォームパッド、クッション材
[32] line　〜を覆う
[33] ramp　傾斜路、スロープ
[34] protective headgear　保護用ヘッドギア
　★gearは「衣服、道具」の意。

[35] obsessively　取りつかれたように
[36] muscle memory　マッスルメモリー、筋
　肉の動きの記憶
[37] cue　合図、指示
[38] innate　生まれつきの

　私はその数カ月間、木々に巻き付けたり家の壁を覆ったりするためのクッション材を必死に集め、家の中や外にスロープを設けたり危険な場所をふさいだりし、パロマは着けるのを拒みましたが保護用ヘッドギアを買ったりすることに時間を費やしました。さらに、彼女がどこへ行くにもしつこくその後を追って、彼女を守ろうとしました。
　それから奇跡的に、少しずつ、彼女はマッスルメモリーや私の合図、そして

[39]good nature. Now our happy girl is back.

And here's the funny part. Unlike the videos where the companion animal helps guide the blind one, [40]grumpy Gracy likes to lie in Paloma's path so she can [41]growl when Paloma gets too close. But that's just how we are as a family, a family I love more than anything.

October 2022

---

[39] good nature　気立ての良さ
[40] grumpy　機嫌の悪い、気難しい
[41] growl　（動物が）うなる

彼女の生まれつきの気立ての良さを頼りに、順応していきました。今や私たちの幸せな女の子に戻ったのです。
　そしてここが面白いところです。仲間の動物が盲目の友を導いて助けるような動画とは異なり、気難しいグレイシーは、パロマが近づき過ぎたらうなり声を上げられるように、パロマの通り道に寝そべりたがります。でもそれが私たち家族の在り方であり、私が何よりも愛している家族なのです。

True/False Review　内容理解クイズ　　解答と日本語訳 ▶ p. 220

エッセイの内容と合っていれば **T**(True)を、違っていれば **F**(False)を選びましょう。

1. According to Hetherly, her second dog, Paloma, is more optimistic than her first dog.　**T / F**

2. According to Hetherly, after a little while, her dog gradually regained her sight.　**T / F**

Chapter

4

言葉と向き合う

+ —— + —— +

When Strangers Meet
見知らぬ者同士が出会うとき
112

+

Humans Need Story
人にはストーリーが必要だ
118

+

What Are Your Pronouns?
あなたの代名詞は何ですか?
124

+

When a Conversation Is Really a Monologue
会話が実は独白なとき
130

+

Translation as Eros
エロスとしての翻訳
136

When Strangers Meet

見知らぬ者同士が出会うとき

※

異質なものに触れたとき、私たちは何らかのショックとともに、
さまざまなことを感じ取り、立ち止まって考えます。
未知の言語を受け止め、知ろうとすることも、
同様の経験として、人生と思考を豊かにしてくれるはずです。

Everyone reading or listening to this would probably agree having friends from other cultures makes life more interesting. But here's something I never thought about before: Having friends from other cultures makes you more creative.

I first heard this idea in a ❶National Public Radio

---

❶ National Public Radio　ナショナル・パ
ブリック・ラジオ
★アメリカの非営利ラジオネットワーク。

　このエッセイを読んだり聞いたりしている皆さんはおそらく同意してくだ
さるでしょうが、別の文化圏出身の友達を持つと人生がより面白くなります。
でも、私がそれまで一度も考えたことのなかった、こんな話があります。異
なる文化圏の友達を持つと、人の創造性が増すというのです。
　この話を最初に聞いたのは、ナショナル・パブリック・ラジオの『創造のひ

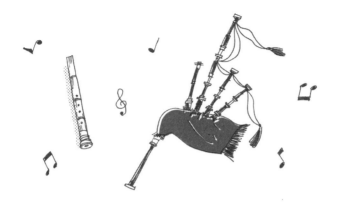

interview called "Want a Creative ❷Spark? ❸Get to Know Someone From Another Culture." According to the host, scientific research shows that having "deep connections with people from other countries and different cultures" may improve "creative ❹output." If you're not an artist, don't stop reading! Of course

---

❷ spark　ひらめき、才気
❸ get to do　〜するようになる

❹ output　作り出すもの、作り出すこと

らめきが欲しい？　それなら異なる文化圏の人と知り合いましょう』という
インタビューでした。司会者によれば、科学的研究の結果、「国や文化が異な
る人との深い結び付き」が「創作物」に磨きを掛けることがあると判明して
いるそうです。芸術家でない人も、読むのをやめないでくださいね！　もちろ

"creative output" includes things like music and painting, but it's also about seeing the world in new ways. One example will be very familiar to people living in Japan: taking your shoes off at the door.

❺Adam Galinsky, a ❻Jewish American, married a woman whose parents came to the U.S. from ❼the Philippines. It was her family's custom to remove shoes before entering the house, and she brought that custom to the marriage. This was all new to Galinsky, who says it made him think in fresh ways about space and how people create their own world and environment.

---

❺ Adam Galinsky　アダム・ガリンスキー
★(1969-)。アメリカの社会心理学者。
❻ Jewish　ユダヤ系の、ユダヤ人の

❼ the Philippines　フィリピン
★西太平洋に位置する東南アジアの共和国で、7000以上の島々で構成されている。首都はマニラ。

ん「創作物」には音楽や絵画などが含まれますが、世の中に対して新たな見方を持つことにも関係があります。日本に暮らしている人にとてもなじみ深い一例を挙げましょう。玄関で靴を脱ぐことです。
　アダム・ガリンスキーというユダヤ系アメリカ人が結婚したのは、両親がフィリピンからアメリカに来たという女性でした。彼女の家族は習慣として、家に入る前に靴を脱いでいたので、彼女もその習慣を結婚生活に持ち込みました。これはガリンスキーにはまったく新しいことでした。彼はそのおかげで、空間について、また人がどうやって独自の世界や環境を築くのかについて、新たな考え方を持てるようになったと言っています。ガリンスキー自身が、

Galinsky himself is one of the [8]social scientists doing research on the connection between creative thinking and [9]cross-cultural relationships.

Another example involves a bagpipe player from [10]Galicia. [11]Cristina Pato was invited to play with a group of musicians she had never met before. One of them turned out to be the famous cello player [12]Yo-Yo Ma. In fact, the group of musicians Pato joined was Yo-Yo Ma's [13]Silk Road Ensemble. This group puts musicians from different cultures and traditions together to see magic happen, like putting a Japanese shakuhachi with a

---

[8] social scientist　社会科学者
[9] cross-cultural　異文化間
[10] Galicia　ガリシア
　★スペイン北西部の自治州。
[11] Cristina Pato　クリスティーナ・パト
　★(1980-)。スペインのバグパイプ奏者。

[12] Yo-Yo Ma　ヨーヨー・マ　★(1955-)。
中国系アメリカ人の世界的チェロ奏者。
[13] Silk Road Ensemble　シルクロード・アンサンブル　★ヨーヨー・マが中心となっている演奏グループ。メンバーを固定せず、伝統的な東西の音楽と現代の音楽との関わりを追求する演奏家集団。

創造的思考と異文化間の関わりとの結び付きについて研究している社会科学者の一人です。
　もう一つの例は、ガリシア生まれのバグパイプ奏者に関するものです。クリスティーナ・パトは、誘われて、それまで一度も会ったことのない演奏家のグループと共演することになりました。メンバーの一人は有名なチェロ奏者、ヨーヨー・マであることがわかりました。実は、パトが参加した演奏家グループは、ヨーヨー・マのシルクロード・アンサンブルでした。このグループは、異なる文化や伝統を持つ音楽家が一緒に演奏することで、不思議な力を生み出すのです。例えば、日本の尺八をガリシアのバグパイプと共演させます。バ

Galician bagpipe. Pato says every performance answers
one question: "What could happen when strangers
meet?" For her, this Silk Road model is a [14]metaphor for
the best possible 21st century society.

Language learners are an important part of that best
possible society, I believe. What better way to connect
deeply with a culture and individuals from that culture
than by [15]immersing yourself in the language? A new

---

[14] metaphor　例え、象徴

[15] immerse oneself in ~　～に夢中になる、
　　　～に没入する

トによれば、毎回の演奏が一つの問い「見知らぬ者同士が出会うと何が起こ
り得るか」に対する答えだということです。彼女にとって、このシルクロー
ド（・アンサンブル）のモデルは、考えられる中で最良の、21世紀社会を象徴
するものなのです。
　言葉の学習者も、望み得る最良の社会を構成する重要な要素だと、私は考
えます。ある文化やその文化の下に生きる個人と深く結び付こうとするとき、
その文化圏の言語に没入すること以上に適切な方法があるでしょうか？　新

language gives us so many ways to see the world and its people differently, whether it's taking your shoes off at the door, sharing each other's ⓰cuisine, ⓱partnering to make words come to life in a translation, or simply enjoying conversation. We're all strangers when we first meet, but ⓲who knows what kind of music we might make together?

November 2018

⓰ cuisine　料理、食事　　　　　　⓲ who knows . . . ?　……は誰も知らない
⓱ partner　人と組む、提携する

> 　しい言語を学ぶと、世界やそこに暮らす人々を、実にさまざまな方法で違っ
> た角度から見ることができます。それは、玄関で靴を脱ぐことでもいいし、
> 互いの料理を分け合ったり、誰かと組んで翻訳で言葉に命を吹き込んだり、
> あるいは、ただ会話を楽しんだりするだけでもいいのです。初めて会うとき
> には皆、見知らぬ者同士ですが、どんな音楽を一緒に生み出せるかは、誰に
> もわからないのですから。

True/False Review　内容理解クイズ　　　⋮ 解答と日本語訳 ▶ p. 220

エッセイの内容と合っていれば **T**（True）を、違っていれば **F**（False）を選びましょう。

1. Hetherly says that she first read the idea that knowing people from other cultures can make you more creative in a science magazine.　**T / F**

2. Hetherly believes that learning a new language is a way of deeply connecting with a different culture.　**T / F**

17

Humans Need Story
人 に は ス ト ー リ ー が 必 要 だ

※

and、but、so という、ごく基本的な英単語に目を向けることから
このエッセイは始まります。
ストーリーの重要性を伝えるヘザリさん自身の
"storytelling" の技も、味わいどころです。

It might surprise you to learn how powerful three
very simple English words are: "and," "but," and "so."
According to ❶Randy Olson, these three words are the
key to telling good stories.

First, let me tell you a little about Randy Olson. He
got his ❷Ph.D. in biology at ❸Harvard University and
then became a ❹tenured professor. But he soon realized

---

❶ Randy Olson　ランディー・オルソン
　★(1955-)。アメリカの生物学者、映画
　監督、脚本家、著述家。
❷ Ph.D. in biology　生物学の博士号

❸ Harvard University　ハーバード大学
　★アメリカのマサチューセッツ州にある
　私立大学。
❹ tenured professor　終身教授
　★tenured は「終身在職権のある」の意。

とても簡単な３つの英単語、「and」「but」「so」がどれほど強力かを知っ
たら驚くかもしれません。ランディー・オルソンによれば、これら３つの単
語が優れたストーリーを語るための鍵だというのです。
　まず、ランディー・オルソンについて少し話させてください。彼はハーバー
ド大学で生物学の博士号を取得し、そしてその後、終身教授となります。と

he would rather tell stories about science than work in
❺academia. So he quit his job and went to film school in
❻Hollywood. Now he writes books, makes
documentary films, and teaches people all over the U.S.
how to tell better stories about science.

Take a look at the previous paragraph. If Olson is
right, your interest was ❼sparked when you read the

---

❺ academia　学究的な世界
❻ Hollywood　ハリウッド
　★アメリカのカリフォルニア州ロサンゼル
　ス北西部の地区で、映画産業の中心地。

❼ spark　〜を刺激する、〜を誘発する

　ころがすぐに、学問の世界で働くよりも、科学に関するストーリーを語りた
いと思うようになりました。そこで、辞職してハリウッドにある映画学校に
通いました。現在、彼は本を書き、ドキュメンタリー映画を製作し、科学に関
するより優れたストーリーの語り方をアメリカ中の人々に教えています。
　前の段落を見てください。オルソンが正しければ、「but（ところが）」とい

word "but." Yes, I used the "and, but, so" [8]storytelling pattern in that paragraph. Instead of [9]stringing facts and information together with the word "and," like many of us do when we talk about ourselves, I made Olson's story more dramatic by adding [10]conflict — that's the "but."

Olson calls this pattern the ABT, which [11]stands for "and, but, therefore." You can use "so" instead of "therefore," or "however" instead of "but" (or other words with the same meaning). The idea is to set up the

---

[8] storytelling　ストーリーを語ること
[9] string　〜を一続きに並べる
[10] conflict　対立

[11] stand for 〜　（略語や略記などが）〜を表す

う単語を読んだときに興味が刺激されたはずです。そうです、私は前の段落で「and（そして）、but（ところが）、so（そこで）」というストーリーを語るパターンを使いました。自分のことを語るとき、多くの人は事実や情報を「and」という単語を使って並べ立てるものですが、ここではそうせずに、対立する事柄——つまり「but」（で始まる内容）を加えることで、オルソンの話をよりドラマチックにしたのです。
　オルソンはこのパターンをABTと呼びます。これは「and、but、therefore」を表します。therefore の代わりにsoを使ったり、but の代わりにhoweverを使ったり（または同じ意味のほかの単語を使ったり）することもできます。考え方としては、andを使って状況を提示してから、butを使って対立する内

situation using "and," then introduce a conflict or
❷contradiction with "but," and finally show the
❸consequence or result with "therefore." In his
❹fascinating book ❺*Houston, We Have a Narrative*,
Olson shows how this pattern is used in everything
from ❻fairy tales to Hollywood ❼scripts to
documentaries about science. He even shows how great
❽speechwriters use it, like ❾Oprah Winfrey in her
famous 2018 ❿Golden Globes speech and ⓔMartin
Luther King in his ⓕ"I Have a Dream" speech.

---

❷ contradiction 反対、矛盾
❸ consequence 結果、帰結
❹ fascinating 魅力的な、興味深い
❺ *Houston, We Have a Narrative (: Why Science Needs Story)* 『なぜ科学はストーリーを必要としているのか』
★オルソンの著書。2015年刊。
❻ fairy tale おとぎ話
❼ script 脚本、台本
❽ speechwriter 演説原稿作成者
❾ Oprah Winfrey オプラ・ウィンフリー
★(1954-)。アメリカの俳優、司会者、テレビ番組プロデューサー。
❿ Golden Globes ゴールデングローブ賞
★アメリカでの映画とテレビドラマの賞。
ⓔ Martin Luther King (Jr.) マーティン・ルーサー・キング（・ジュニア）
★(1929-68)。アメリカの牧師。1950〜60年代の公民権運動の指導者。
ⓕ "I Have a Dream" 「私には夢がある」
★1963年の「ワシントン大行進」におけるキング牧師の有名な演説の一節。

容または反対の内容を導入し、最後にthereforeを使って結果または結末を示すのです。興味深い著書『なぜ科学はストーリーを必要としているのか』でオルソンが示しているのは、いかにこのパターンが、おとぎ話からハリウッド映画の脚本や科学ドキュメンタリーに至るまで、ありとあらゆるところで使われているかということです。彼はさらに、優れた演説原稿の作成者がどのようにこのパターンを使用しているかも示しています。例に挙げているのは、オプラ・ウィンフリーによる有名な2018年ゴールデングローブ賞の受賞スピーチや、マーティン・ルーサー・キングの「私には夢がある」という演説です。

Stories [23]grab our attention and make us want to listen. "Science needs story," says Olson, so that ordinary people will understand how important research and scientific discovery are for our lives.

In fact, we all have stories to tell and are often asked to tell them [24]in public. We introduce ourselves, [25]interview for jobs, and give speeches or presentations. If you're like me, you've probably [26]stumbled through a

---

[23] grab one's attention ～の注意を引く
[24] in public 人前で、公の場で
[25] interview 面接を受ける

[26] stumble through ～ ～（スピーチなど）をとちりながら終える
★stumble は「つまずく、言葉に詰まる」の意。

ストーリーは人の注意を引き、聞こうという気にさせます。「科学にはストーリーが必要だ」とオルソンは言います。それがあれば、一般の人が、研究や科学的発見が私たちの生活にどれほど重要かを理解するというのです。
　実際、私たちは誰でも語るべきストーリーを持っており、人前で話をするように求められることもよくあります。自己紹介したり、就職の面接を受けたり、スピーチやプレゼンテーションをしたりします。もしかしたら、あなた

few **㉗**impromptu speeches or self-introductions in English or Japanese, not sure what you want to say or how you want to say it, just glad when it's over. Next time, maybe the ABT pattern can help. Try it, and if you see the audience **㉘**perk up when you say "but," you'll know it's working.

April 2019

㉗ impromptu　即興の、準備なしの
㉘ perk up　耳をそばだてる、関心を示す

も私と同様、英語や日本語で即興のスピーチや自己紹介を言葉に詰まりなが
ら終えた経験が何度かあるかもしれません。自分が何を話したいのか、どの
ように言いたいのかわからず、とにかく終わってほっとしたという経験です。
次の機会には、おそらくABTパターンが役に立つでしょう。試してみてくだ
さい。そして、「but（ところが）」と言ったときに聞き手が耳をそばだてる様
子が見えたら、効き目があったことがわかります。

True/False Review　内容理解クイズ　　⋮ 解答と日本語訳 ▶ p. 220

エッセイの内容と合っていれば **T**（True）を、違っていれば **F**（False）を選びましょう。

1. According to Hetherly, Randy Olson studied to be a science-fiction writer in university.　**T / F**

2. Hetherly says that in Olson's theory about certain small English words, the word "but" introduces conflict.　**T / F**

18

What Are Your Pronouns?

あなたの代名詞は何ですか？

✳

言葉の用法は時とともに変化するものですが、最近の大きな変化の
一つが、「英語の代名詞の使い方」ではないでしょうか。
その多様さと複雑さこそが、私たちが生きる世界を
表しているとも言えそうです。

I grew up when American people ❶typically saw the world in black and white. Men were men, women were women, movies were about good guys and bad guys, and heroes were almost always white and male. Of course, ❷life wasn't really like that, even ❸back then, but kids learned those things through the culture.

The world looks a lot different now, and that's a

Title pronoun　代名詞
❶ typically　通常は、一般に

❷ life　世の中、世間
❸ back then　その当時は、あの時には

　私が子どもの頃、アメリカ人は一般に世界を白か黒かで見ていました。男
は男、女は女、映画は善人と悪人を描いたものであり、ヒーローは大抵いつ
も白人の男性でした。もちろん、その当時でも、世の中が実際にそんなふうだっ
たわけではありませんが、子どもたちは当時の文化を通じて、そうしたこと
を学んでいたのです。
　今は、世の中の見え方がかなり違っており、それは実にさまざまな意味で

good thing in so many ways. Women can be scientists, engineers, or action heroes. Stories of black, brown, and Asian people are seen more often in history books and the arts. And ❹same-sex marriage is legal. Those are just a few changes I've seen in my lifetime, and none of them ❺came easily, as change never does.

---

❹ same-sex marriage　同性婚
　★2015年にアメリカの全州で同性婚が

認められた。
❺ come easily　簡単に手に入る

良いことです。女性は科学者や技術者、アクションヒーローになれます。肌の黒い人や褐色の人、アジア系の人の話を、歴史書や芸術作品の中で目にする機会が増えています。そして、同性婚が合法になっています。これらは、私がこれまで生きてきた中で目にした、ほんの数少ない変化であり、そのどれもが簡単に成されたわけではありません。変化が簡単に実現することなど決してないのですから。

Now another change is ❻brewing. ❼Transgender and ❽nonbinary members of the ❾LGBTQ community are challenging some very basic and strongly ❿ingrained ideas, including how we use pronouns. Binary means two opposites, like black and white. Nonbinary people describe their ⓫gender identity as ⓬fluid, meaning it may be both male and female, move between male and female, or be neither. While most transgender people do have a male or female gender identity, it is the opposite of their ⓭registered sex at birth.

---

❻ brew　起ころうとする
❼ transgender　トランスジェンダーの、身体的性別と性自認が異なっている
　★p. 127、4行目のtrans は、ここでは transgenderの省略形。
❽ nonbinary　ノンバイナリーの、男性でも女性でもないと自認している
　★2行下のbinary は、「バイナリー、二元の、2つから成る」の意。
❾ LGBTQ

★性的少数者とも呼ばれるLesbian (レズビアン)、Gay (ゲイ)、Bisexual (バイセクシュアル)、Transgender (トランスジェンダー)、Questioning (クエスチョニング (クィア) の頭文字を組み合わせた表現。
❿ ingrained　根深い、深く染み込んだ
⓫ gender identity　性自認、自覚した性別
⓬ fluid　流動的な
⓭ register　〜を登録する

　今、また別の変化が起きようとしています。LGBTQコミュニティーの中のトランスジェンダーとノンバイナリーの人たちは、非常に基本的でとても根深い問題に挑んでいます。例えば、代名詞をどう使うかということです。バイナリーとは、白と黒のように2つの正反対のものを意味します。ノンバイナリーの人は、自分の性別の認識を流動的なものだと説明します。つまり、自分は男性でも女性でもあるか、男性と女性の間を行き来するか、あるいは男女のどちらでもないというのです。トランスジェンダーの人の大半は、男性または女性と自認していますが、その性別は出生時に登録されたものとは逆です。

Universities across the country now offer training to support transgender and nonbinary students. I attended a ⑭session recently that included a student ⑮panel. Besides talking about what it's like to be trans or nonbinary on our campus, the students talked about pronouns. He and she, another binary, don't ⑯work for this population in their ⑰traditional usage. So the students ask us to use pronouns they have chosen for themselves. A trans woman will probably choose she/her/hers. A nonbinary person may choose they/them/

---

⑭ session　集会、セッション
⑮ panel　委員団、パネリストたち、公開討論会
⑯ work for ~　~に有効である、~に合う
⑰ traditional　慣習に従った、従来の

　国中の大学が現在、トランスジェンダーやノンバイナリーの学生たちを支援する研修を提供しています。私は最近、学生のパネリストたちが加わったセッションに参加しました。私たちの大学においてトランスジェンダーまたはノンバイナリーであることはどういうことなのかを話し合った上で、学生たちは代名詞についても議論しました。heやsheなどのバイナリーは、従来の使い方ではこの人たちに当てはまりません。そのため、学生たちは私たちに、彼らが自ら選択した代名詞を使って呼んでほしいというのです。トランスジェンダーの女性はおそらくshe、her、hersを選ぶでしょう。ノンバイナリーの

theirs or pronouns [18]·indicating whichever gender they identify with more closely.

One student introduced himself as trans male with he/him/his pronouns. Registered as female at birth, he looks and sounds more [19]masculine than [20]feminine, but he wore long earrings with [21]fluffy pink balls. Like other trans and nonbinary people, there was no way to know his preferred pronouns simply by looking at him. We

---

[18] indicate　～ということを示す
[19] masculine　男性の、男らしい
[20] feminine　女性の、女らしい
[21] fluffy　フワフワした、柔らかい

人はthey、them、theirsを選ぶか、どちらであれ自認する性により近い方を示す代名詞を選ぶかもしれません。

　ある学生は、自分をトランスジェンダーの男性で、he、him、hisの代名詞を選ぶと紹介しました。出生時に女性と登録された彼は、外見や声が女性的というよりも男性的ですが、フワフワしたピンク色の玉が付いた長いイヤリングを身に着けていました。ほかのトランスジェンダーやノンバイナリーの人たちと同様に、彼を見ただけでは、彼の好む代名詞は見当が付きませんで

need to ask rather than guess, the panel told us. We can also show support by identifying our own pronouns when introducing ourselves or signing an email, they said.

To be honest, it's not easy to [22]wrap my head around all this. While I truly want to support these students and others who live [23]nonconventional lives, it will take time to be comfortable with the change.

March 2020

---

[22] wrap one's head around ～　～を理解する
[23] nonconventional　従来にない

> した。推測するのではなく尋ねる必要があるのだ、とパネリストたちは教えてくれました。さらに、自己紹介したりメールに署名したりするときに、自分自身の代名詞を特定することでも支持を表明できるのだ、と彼らは言っていました。
>
> 正直なところ、こうしたことのすべてを理解するのは簡単ではありません。私は心から、従来にない生き方を選ぶこうした学生たちや同様の人たちを支援したいと望んでいるのですが、この変化に慣れるには時間がかかることでしょう。

True/False Review　内容理解クイズ　解答と日本語訳 ▶ p. 221

エッセイの内容と合っていれば **T**(True)を、違っていれば **F**(False)を選びましょう。

1. According to Hetherly, same-sex marriage became legal in the U.S. in her lifetime.　**T / F**

2. According to the students on the panel Hetherly attended, the only way to know what pronoun someone prefers is to judge by their clothing.　**T / F**

When a Conversation Is Really a Monologue

会話が実は独白なとき

※

会話の相手が一人で長々と話し続ける——
そんな状況に陥ったとき、あなたはどうしますか?
このエッセイでは、そんな困った状況にまつわる言葉が、
お薦めの切り抜け方(!?)とともに紹介されています。

What makes a good conversation? Language ability is part of it, but there's a lot more to good conversation than ❶fluency. Sometimes it's easier to talk about what doesn't work.

Lecturing is fine for college professors, but ❷what if your friend, ❸date, or partner lectures you? We've all seen this in movies. Two people go out on a first date,

---

Title monologue　独白、モノローグ
❶ fluency　流暢さ、よどみなさ
❷ what if ...?　……ならどうか?

❸ date　デートの相手、デート
　★次行のgo out on a dateは「デートに行く」の意。

良い会話には何が必要でしょうか?　言語能力はその一つですが、良い会話にはすらすらと話すことよりも、もっと多くのことがあります。時には、何がうまくいかないかについて述べる方が簡単です。
　大学教授が講義をするのは問題ありませんが、友達やデートの相手、パートナーがあなたに講義をするのはどうでしょうか?　これは皆さん、映画で

and one ❹goes on and on about something while the other person's eyes ❺glaze over. This scenario never leads to a second date in a movie, but life is more ❻complicated. My college boyfriend was a quiet person in a crowd, but when it was just the two of us, he would talk nonstop about poets and poetry, a subject I wasn't

---

❹ go on and on about ~   ～について長々
と話す

❺ glaze over （退屈などで目や表情など
が）どんよりする

❻ complicated   複雑な

見たことがありますね。二人が初めてのデートに行き、一人が何かについて長々としゃべり、一方でもう一人の目はどんよりしている。映画ならこのシナリオで2回目のデートにつながることは決してありませんが、人生はもっと複雑です。私の大学でのボーイフレンドは、大勢の中では無口な人でしたが、私たち二人だけになると、私が特に興味のない話題、詩人や詩について、休

especially interested in. Women are **❼typically**
❽socialized to listen and let men talk, and that's exactly
what I did back then. **❾**That's not to say women never
❿dominate conversations. I've met plenty who do, and
it's just as annoying.

⓫On the other hand, "**⓬mansplaining**," a
combination of "man" and "explain," is **⓭specific to**
men. While someone might "lecture" because they're
nervous, **⓮obsessed**, **⓯self-absorbed**, or just like the

---

❼ typically　通常は、一般的に
❽ socialized to do　〜するよう社会に順応
　した
❾ that's not to say ...　……というわけでは
　ない
❿ dominate　〜を支配する

⓫ on the other hand　その一方で
⓬ mansplaining　マンスプレイニング
　★男性が女性に偉そうに説明すること。
⓭ specific to 〜　〜に特有の
⓮ obsessed　頭がいっぱいの
⓯ self-absorbed　自己陶酔した

みなくしゃべり続けました。一般的に女性は、社会に順応して男性の話に耳
を傾け、しゃべらせておくようになっており、当時私がしたのもそのとおり
のことなのです。女性が会話を支配したりなどしない、というわけではあり
ません。そういうことをする女性に出会うことも多く、まったく同じように
迷惑なものです。
　その一方で、「man（男性）」と「explain（説明する）」を組み合わせた
「mansplaining（マンスプレイニング）」は、男性特有のことです。誰かが「講
義をする」のはおそらく、彼らが緊張状態にあったり、頭がいっぱいだったり、
自己陶酔していたり、ただ自分の声音が好きだったりするからですが、マン

sound of their own voice, mansplaining is about
⑯perceived **⑰**superiority. It happens when a man **⑱**talks
down to a woman because he **⑲**assumes he knows more
about a subject than she does — even when he doesn't.
⑳Not long ago, I watched an American guy "explain" in
detail to a Japanese woman how Japanese culture makes
it impossible for people to learn English there. She
speaks English well and grew up in Japan. He lived there
for a couple of years.

---

⑯ perceived　目に見える、認識された
⑰ superiority　優位性、優越性
⑱ talk down to～　～に対して見下した態
　度で話す

⑲ assume　当然～と決めてかかる、～と想
　定する
⑳ not long ago　つい先日、先頃

スプレイニングには目に見える優越感があります。それは男性が女性に対し
て見下した態度で話をするときに起こります、なぜならその男性がある事柄
について相手の女性よりよく知っていると思い込んでいるからです――そう
ではない場合であっても。つい先日、あるアメリカ人男性が日本人女性に、
日本の文化がいかに日本で英語を学ぶことを不可能にしているかについて詳
しく「説明する」のを見ました。彼女は英語を流暢に話し、日本で育っていま
す。彼が日本に住んだのは2、3年なのです。

Then there's the ㉑rant. People rant to ㉒vent their anger about something. Sometimes venting makes us feel better, but listening to a rant can be stressful. A friend of mine says she lets her husband rant when he really needs to, but after a few minutes, she'll say, "OK, honey. ㉓That's all for now." And he stops. Sometimes I vent to my sister, usually about politics, but I try to keep it short, and afterwards, I usually say something like,

---

㉑ rant　がなりたてること、わめき散らすこと　★次の文の rant は動詞で「わめき散らす」の意。

㉒ vent one's anger about ~　~についての怒りをぶちまける　★vent は「~を発散させる、~をぶちまける」の意。

㉓ that's all for now　今はそれで十分である

　それからわめき散らしというものがあります。わめき散らすことで何かへの怒りをぶちまけるのです。ぶちまけると気分が晴れることもありますが、わめき散らしを聞く方は精神的に疲れてしまうことがあります。私の友達の一人は、本当に必要なときは夫にわめかせておくと言います、でも数分後に彼女が「さあ、あなた。もうそれで十分よ」と言います。すると彼はやめます。時には私も姉に対してぶちまけることがあります、大抵は政治の話なのですが、私は手短にするように心掛けており、その後には大抵、「さあ、今度はう

"OK, let's talk about our dogs now."

Lecturing, mansplaining, and ranting are 100 percent about the person speaking, not the one listening. A good conversation ❷❹engages both people, and, most importantly, it's about connection. Sometimes you can't escape a bad conversation, especially if it's with someone like a boss, but my advice is ❷❺get the hell out if you can!

June 2022

---

❷❹ engage　～（人）を引き込む、～（人）を
参加させる　　❷❺ get the hell out　急いで逃げる、抜け出す

ちの犬の話でもしようか」のように言います。
　講義をするのも、マンスプレイニングも、わめき散らすのも、話す人を100%
重視したもので、聞く人ではありません。良い会話とは双方が参加するもの
であり、何よりつながることが重要なのです。悪い会話が避けられないとき
もあります、特に上司のような人との会話の場合ですが、私のアドバイスと
しては、できればさっさと逃げ出してください！

True/False Review　内容理解クイズ

解答と日本語訳 ▶ p. 221

エッセイの内容と合っていれば **T**（True）を、違っていれば **F**（False）を選びましょう。

1. According to Hetherly, she wasn't very interested in poetry during college.　**T / F**

2. Hetherly says that she sometimes lets her husband rant for a few minutes.　**T / F**

20

Translation as Eros

エロスとしての翻訳

✳

人々を言語学習に駆り立てるものは何でしょうか？
ヘザリさんは、ある翻訳家の文章を紹介しながら、
longing（憧れ）、eros（エロス）、atsu-atsu（アツアツ）といった
キーワードへの深い共感を伝えています。

What does it take to become a successful ❶literary translator? There must be multiple paths, but I found ❷Polly Barton's journey ❸fascinating. Barton has translated fiction by writers like ❹Kikuko Tsumura and ❺Aoko Matsuda. She also recently published her own book about living in Japan and learning Japanese. It's

---

Title Eros　エロス
★ギリシャ神話の愛の神。
eros は「性愛」の意。
❶ literary translator　文芸翻訳家
❷ Polly Barton　ポリー・バートン
★イギリスの日英翻訳家、著作家。
日本で英語を教えていたことがある。

❸ fascinating　魅力的な、興味をそそる
❹ Kikuko Tsumura　津村記久子
★(1978-)。日本の小説家。
❺ Aoko Matsuda　松田青子
★(1979-)。日本の小説家。

　文芸翻訳家として成功するには何が必要でしょうか？　さまざまな道筋が
あるはずですが、私はポリー・バートンのたどった道のりに興味をそそられ
ました。バートンは津村記久子、松田青子といった作家の小説を訳してきま
した。最近、日本に住むことと日本語を学ぶことについて自ら書いた本も出

called **⁶*Fifty Sounds*** and is **⁷aptly** **⁸subtitled** "A
⁹Memoir of Language, Learning, and ⁹⁰Longing." The
"longing" part especially **¹¹resonated with me.**

Barton's passion for language **¹²is inseparable from**
her longing to be close to the culture and Japanese
people. She describes learning Japanese as "a **¹³possession,**

---

❻ *Fifty Sounds*
　★ポリー・バートンの回想録。
　fifty soundsは日本語の「五十音」のこと。
❼ aptly　ふさわしく、適切に
❽ subtitle　～に副題を付ける

❾ memoir　回想録、体験記
❿ longing　憧れ、切望、強い思い
⓫ resonate with ~　～の心に響く
⓬ be inseparable from ~　～と切り離せない
⓭ possession　所有、憑依

版しています。『Fifty Sounds』というタイトルで、「言語、学習、そして憧れ
の回想録」というぴったりなサブタイトルが付けられています。「憧れ」の部
分が特に私の心に響きました。
　バートンの言語への熱い思いは、その文化や日本人に近づきたいという強
い思いと切り離せません。日本語を学ぶことは、「憑依、魔物が取りつくこと、

a ⓮bedevilment, a physical ⓯takeover" connected to "the always ⓰bruised but ⓱ever-renewing desire to ⓲draw close: to a person, a ⓳territory, a culture, an idea, an ⓴indefinable feeling." She even ㉑equates this desire with "eros," ㉒confessing that her "㉓feeling for Japan and its language has always been hot, and ㉔embodied, and ㉕inappropriate; it has been atsu-atsu."

I've never heard language learning described this way before, but it really ㉖struck a chord. It reminded me of ㉗intense feelings I had about living in Japan and learning Japanese: a raw desire to connect with people

---

⓮ bedevilment 苦悩すること、苦しめる行為、悪魔が取りつくこと
⓯ takeover （力ずくの）獲得、奪取
⓰ bruised 傷ついた
⓱ ever-renewing 常に回復する
⓲ draw close 近づく
⓳ territory 土地
⓴ indefinable 言葉に表せない、漠然とした

㉑ equate A with B　AをBと同等と見なす
㉒ confess 〜を告白する
㉓ feeling for 〜 〜に対する深い思い
㉔ embody 〜を肉体化する
㉕ inappropriate 不適切な
㉖ strike a chord 共感を生む
　★chordは「心の琴線、感情」の意。
㉗ intense 強烈な、激しい

肉体を乗っ取られること」であり、それは「人や土地、文化、思想、言葉に表せない感情に近づきたいという、常に傷つきながらも回復する願望」に結び付いていると彼女は記しています。この願望を「エロス」と同等とさえ見なしており、「日本とその言語への思いは常に熱く、肉体化され、不適切なもので、ずっとアツアツだ」と告白しています。
　私は言語学習についてこのように説明されているのを今まで聞いたことがありませんでしたが、まさに共感を覚えました。それは私に、日本に住むことと日本語を学ぶことについて抱いていた非常に強い感情を思い出させまし

and the culture, in ways that were impossible for someone on the outside, something like the longing of ❷❽unrequited love. I suspect a lot of Japanese who are learning English have similar feelings.

For Barton, "❷❾hanging on the words of another person and finding them magical" was part of what led her to translation. That was true for me as well. I even left my full-time teaching position to ❸⓿devote myself to studying Japanese — though, ❸❶in hindsight, that was probably ❸❷unwise. Still, miraculously, a sample translation I ❸❸submitted was chosen by a Japanese

❷❽ unrequited　報われない、一方的な
❷❾ hang on ~　~を一心に聞く
❸⓿ devote oneself to ~　~に専念する

❸❶ in hindsight　振り返ってみると
❸❷ unwise　軽率な、愚かな
❸❸ submit　~を投稿する、~を送る

た。つまり、外側にいたら不可能であるような方法で、人々や文化につながりたいというむき出しの願望であり、報われない愛への強い思いのようなものです。英語を学んでいる多くの日本人も同様の感情を持っているのではないかと思います。

　バートンにとって、「ほかの人の言葉に一心に耳を傾けてその魅力を感じる」ことは、彼女を翻訳に導いた一つのきっかけでした。それは私にも当てはまりました。私は常勤の教職を辞めてまで日本語の勉強に専念しました——振り返ってみると、それは軽率だったかもしれませんが。それでも、奇跡的に、私が送った翻訳見本が日本の出版社に選ばれて、受賞小説を翻訳する契約を

publisher who ㉞contracted me to translate a prize-winning novel. The ㉟timeline was short, so it required long hours of typing, with frequent trips to the local massage clinic for ㊱relief. What I remember most fondly were weekly meetings at a ㊲Futakotamagawa coffee shop with a friend who talked me through the more difficult passages. Sadly, the translation was never published, but the experience did bring me closer to the

---

㉞ contract A to do
　〜することをAと契約する
㉟ timeline　予定、スケジュール

㊱ relief　（痛みなどの）軽減
㊲ Futakotamagawa　二子玉川
　★東京都世田谷区にある地域。

その出版社と結びました。スケジュールが短かったので長時間キーボードを打つ必要があり、体をほぐすために地元のマッサージ店に頻繁に通いました。私が一番懐かしく思い出すのは、毎週、二子玉川の喫茶店で友人に会い、難しい文章を理解できるまで説明してもらったことです。残念なことに、その翻訳が出版されることはありませんでしたが、その経験によって私は（日本の）

language, the culture, and, most importantly, to my friend. It gave me, as Barton describes it, a "[38]visceral sense that learning brought me closer to people."

Now that I'm no longer in Japan, I find it hard to [39]keep up my studies. I guess I need that "atsu-atsu" feeling for inspiration. But, then, it's never too late to try again.

November 2022

---

[38] visceral　直感的な、心の底からの
[39] keep up ~　～を続ける

言語、文化、そしてこれが最も重要なのですが、友人に近づくことができました。バートンが説明しているように、それは「学ぶことで人との距離が縮まる心の底からの感覚」を私に与えました。
　私はもう日本にはいないので、勉強を続けることが難しく感じられます。私にはあの「アツアツ」の気持ちが刺激として必要なのでしょう。とはいえ、もう一度やってみるのに遅過ぎることはないのです。

True/False Review　内容理解クイズ　⫶ 解答と日本語訳 ▶ p. 221

エッセイの内容と合っていれば **T**(True)を、違っていれば **F**(False)を選びましょう。

1. Hetherly suspects a longing to connect with a culture and its people may motivate some language learners.　**T / F**

2. According to Hetherly, she used to meet with Polly Barton at a coffee shop in Futakotamagawa.　**T / F**

Chapter

5

変わりゆく社会

+ ——— + ———— +

Knocking Down the Ivory Tower
象牙の塔の解体
144

+

Man Box
男らしさという枠
150

+

Adulting
大人らしくあること
156

+

Face Masks
マスク
162

+

"Flexy Is Sexy"
「柔軟なのは魅力的」
168

+

When Times Are Tough
厳しい時期に
174

21

Knocking Down the Ivory Tower

象牙の塔の解体

※

大学は昔から、皮肉交じりに「象牙の塔」と呼ばれてきました。
しかし、学問を究め、進める場所である以上、
社会の変化も、何らかの形で反映していくはずです。
このエッセイでは、変わりつつある大学と学問が紹介されます。

Have you heard of the "ivory tower"? This expression is often used to describe the world of university professors. ❶Oxford Dictionary ❷defines it as "A state of ❸privileged ❹seclusion or ❺separation from the facts and ❻practicalities of the real world." Do professors live above the rest of society, doing research with no

---

Title ivory tower　象牙の塔、孤高の境地、閉鎖社会

❶ Oxford (English) Dictionary　オックスフォード (英語) 辞典
　★オックスフォード大学出版局が編纂している辞典。

❷ define A as B　AをBと定義する
❸ privileged　特権的な、特権のある
❹ seclusion　隔絶されていること、隔絶された場所
❺ separation　分離、離脱
❻ practicality　実用性

　「象牙の塔」という言葉を聞いたことがありますか？　この言い回しは、大学教授の世界を表すのによく使われます。『オックスフォード (英語) 辞典』の定義には「現実の世界の事実や実用性から隔絶された、あるいは懸け離れた特権的な状態」とあります。大学教授とは、世俗から超然として暮らし、日

connection to everyday life? Some people think so, but this is an image many ❼scholars are trying to change.

❽Not long ago, I was at a university ❾conference for health ❿researchers and professionals. The ⓫keynote speaker was ⓬Mary Woolley, president of a ⓭prestigious national organization called ⓮Research!America. She

---

❼ scholar　学者
❽ not long ago　つい先日、先頃
❾ conference　会議、学会
❿ researcher　研究者
⓫ keynote speaker　基調講演者
⓬ Mary Woolley　メアリー・ウーリー
★非営利団体「リサーチ!アメリカ」(⓮参照)の代表。
⓭ prestigious　高名な、名誉ある
⓮ Research!America　リサーチ!アメリカ
★保健医療に関する啓発活動と支援を行うアメリカの非営利団体。

常生活とは何のつながりもない研究をしているのでしょうか？　そう考える人もいますが、こうしたイメージを多くの学者が変えようとしているのです。

つい先日、ある大学で行われた保健医療関係の研究者や専門家の学会に出席しました。基調講演者は、「リサーチ！アメリカ」という有名な全米組織の代表者、メアリー・ウーリーでした。彼女の話は、とても心に残りました。そ

told a story that really [15]stuck with me. It went something like this: Imagine you, a professor, are at a family barbecue. You're talking to your Uncle Ted and he asks [16]skeptically, "So, tell me again — what is it you do at the university?" Mary Woolley's advice was to answer with these four words: "I work for you."

The point here is that scientists and researchers do not live in an ivory tower; rather, the work many of them do [17]is meant to solve problems we all face, such as treating or curing disease, improving the quality of our water, helping kids succeed in school, just [18]to name a

---

[15] stick with ~　~にくっついて離れない、~のそばを離れない
[16] skeptically　疑わしげに、懐疑的に
[17] be meant to do　~することを目的としている
[18] to name a few　2、3例を挙げると

れは次のような話でした。大学教授のあなたが、親族とバーベキューをしているとします。テッド伯父さんと話をしていると、伯父さんは疑わしげにあなたに尋ねます。「それで、もう一度教えてくれないか──大学で何をしているんだっけ？」。メアリー・ウーリーのアドバイスは、次の4語で答えなさい、というものでした。"I work for you."（私はあなたのために働いています）。

　ここでの要点は、科学者や研究者は象牙の塔で暮らしているわけではなく、その多くが携わっている仕事はむしろ、私たちの誰もが直面している問題の解決を目的としているのだということです。2、3の例を挙げるだけでも、病気の手当てや治療、水質の改善、子どもが学校でうまくやっていくための支

few. Of course, not all research is focused on real-world problems, but there is a strong ⑲push in ⑳academia to make research ㉑relevant and collaborate with ㉒community partners. A lot of government ㉓funding for research requires this now and organizations like Research!America ㉔promote it.

There are other efforts as well to bring professors out of the tower and into the public world. One of my favorites is ㉕The Conversation, a web-based group that publishes articles written by scholars all over the world for the public rather than for other academics. This

---

❿ push 奨励、勧め
⓴ academia 学究的環境、学界
㉑ relevant 現実の問題に直結する
　★p. 149、下から2行目のrelevance
　は名詞で「(現実との) 関連性、(実社会
　への) 適用の可能性」の意。
㉒ community partner 地域社会の連携相
　手

㉓ funding 財政的支援
㉔ promote 〜を推進する、〜を促す
㉕ The Conversation ザ・カンバセーション
　★学術情報を一般向けにウェブ上で提供
　する非営利団体。

援などがあります。もちろん、すべての研究が現実世界の問題に焦点を合わせているわけではありませんが、学問の世界では現実に直結する研究を、地域社会と共同で行うように強く奨励されています。政府による研究資金の提供の多くが、現在、こうした取り組みを必須としており、「リサーチ！アメリカ」のような組織がそれを後押ししています。
　ほかにも同様の取り組みがあり、大学教授たちを象牙の塔から一般社会へ連れ出そうとしています。私が気に入っているものの一つは、「ザ・カンバセーション」という、インターネットを土台としたグループによるものです。このグループは、世界中の学者が書いた論文を、学界向けではなく一般へ向けて

website is a lot of fun and great for anyone who likes to read [26]informative, reliable articles on all kinds of topics. The style is journalistic, meaning short paragraphs and clear, fairly easy language. Articles include videos, links, and social media sharing. Here are some [27]intriguing titles: "Should I kill spiders in my home? An [28]entomologist explains why not to"; "Why do flags matter? The case of

---

[26] informative　有益な、ためになる

[27] intriguing　興味をそそるような、魅力的
な

[28] entomologist　昆虫学者

公開しています。このウェブサイトは、さまざまなトピックについて有益で
信頼性の高い論文を読みたいと思う人にとっては、非常に面白く素晴らしい
ものです。文体は報道文的、つまり短い段落と、明快で比較的平易な言葉に
よるものです。論文には動画やリンク、ソーシャルメディアでのシェアなど
も含まれています。面白そうなタイトルをいくつか紹介しましょう。「家の
中のクモは駆除した方がいいか？　昆虫学者が説明する駆除してはいけない

Japan"; "How to ❷⁹involve more women and girls in engineering"; "❸⁰Ink ❸¹stigma: the Japanese ❸²tattoo artists fighting back." Are you ❸³curious yet?

The ivory tower sounds like a cold, lonely place. Research with relevance is a ❸⁴win-win trend for scholars and the people they work for — us!

September 2018

---

❷⁹ involve A in B　AをBに関与させる
❸⁰ ink　墨、入れ墨
❸¹ stigma　汚名、烙印
❸² tattoo　入れ墨、タトゥー

❸³ curious　好奇心の強い、知りたがっている
❸⁴ win-win　相互に利益となる、ウィンウィンの

理由」、「なぜ旗が重要なのか？　日本の事情」、「工学に関わる女性や女子を増やす方法」、「入れ墨の汚名：日本のタトゥーアーティストの反撃」などです。もう興味が湧いてきましたか？
　象牙の塔と言うと、冷たく寂しい場所のように聞こえます。しかし、実社会と直接つながる研究によって、学者と、彼らの働く対象となる人たち——つまり、私たちの双方に利益をもたらす流れが生まれているのです！

True/False Review　内容理解クイズ　　　　　　解答と日本語訳 ▶ p. 221

エッセイの内容と合っていれば **T**（True）を、違っていれば **F**（False）を選びましょう。

1. According to Hetherly, the term "ivory tower" refers to university professors who are practical and down-to-earth.

T / F

2. Hetherly says that "The Conversation" is a place for academics to discuss issues with other similar academics.

T / F

22

Man Box

男らしさという枠

❋

「男らしい」「女らしい」という言葉から思い浮かぶ
イメージは、どんなものでしょう?
社会の中で受け継がれてきたこれらの概念を考え直し、
「男らしさ」「女らしさ」を再定義する動きが生まれているようです。

Even as a kid, I thought it was strange that my mother wore ❶spiked heels to work every day. She was a secretary in the 1960s. I was 9 when she remarried, but she kept working full time for a boss she called the ❷Boob at home, which meant "idiot" or "fool."

It's funny what we remember from childhood. I also

---

❶ spiked heels　先のとがったハイヒール
❷ boob　ばか、間抜け

　子どもの頃ですら、私は母が毎日先のとがったハイヒールを履いて仕事に行くのを奇妙だと思っていました。母は1960年代に秘書として働いていました。私が9歳のときに母は再婚しましたが、フルタイムの仕事を続けており、上司のことを家ではBoobと呼んでいました。これは「ばか者」や「間抜け」という意味です。
　子どもの頃の記憶というのは面白いものです。ほかにも覚えているのは、

remember my mother ❸grocery shopping on her way home from work, then cooking dinner for a family of five every night. After dinner, she ❹did all the dishes and made coffee. She would take a cup of hot coffee to my ❺stepfather, who was relaxing in an armchair, and sometimes she sat on his lap as they talked and laughed.

---

❸ grocery　食料品
❹ do the dishes　食器を洗う、皿洗いをする

❺ stepfather　義父、継父

母が仕事帰りに食料品を買い、毎晩、家族5人のために夕食を作っていたことです。夕食後に母は食器をすべて洗い、コーヒーを入れていました。肘掛け椅子に座ってくつろいでいる義父に、母が熱いコーヒーを1杯持っていくのが習慣で、時には彼の膝の上に座って、二人で話したり笑い合ったりしていました。

❻I'm nothing like my mother — ❼but then again, maybe I am: I've only worn spiked heels once or twice and have never been especially girly, but I was the cook, dishwasher, and house cleaner in my marriage, also while working full time. And I feel a certain amount of ❽guilt if I don't ❾cater to the ❿man in my life, in other words, ⓫put his needs before mine. This is how girls are ⓬socialized, by absorbing what they see in their families and cultures. Even when you disagree with the roles, it's very hard to ⓭break out of them. Socialization goes

---

❻ be nothing like ~　～とはまるで違う
❼ but then again　でもよく考えてみると
❽ guilt　罪悪感、罪の意識
❾ cater to ~　～の要求に応じる
❿ man[woman] in one's life　～の恋人、～の愛する人

⓫ put A before B　BよりAを優先させる
⓬ socialize　～を社会に適応させる
　★2行下のsocializationは名詞で「社会化」の意。
⓭ break out of ~　～から抜け出す

　私は母とはまるで違います——でもよく考えてみると、似ているのかもしれません。先のとがったハイヒールを履いたのは1度か2度で、とりたてて女の子らしく振る舞ったことなどありません。それでも結婚生活では料理人も、皿洗い係も、掃除係もこなす一方で、フルタイムで働いてもいました。そして相手の男性の要望に応じられないと、つまり自分に必要なことよりも彼に必要なことを優先させないと、何だか罪悪感を覚えるのです。こうして女の子は、家庭や世の中で目にしたものを吸収することで、社会に適応します。たとえその役割に賛同できなくても、そこから抜け出すことは非常に困難です。社

deep and is often [14]unconscious.

Men get a different, but [15]no less damaging, [16]script: Don't cry, don't be weak, don't be like a girl, and, above all, be "a man." [17]Tony Porter describes this [18]brilliantly in his 2010 [19]TED Talk, "A Call to Men." Boys, he explains, are socialized to stay in the "Man Box." He [20]illustrates this with a heartbreaking story about his own father teaching the lesson "men don't cry" and a [21]horrifying one, where his friends prove their [22]manhood by [23]raping a young girl.

---

[14] unconscious　無意識の、自覚のない
[15] no less ~　（それに）劣らないくらい〜な
[16] script　台本
[17] Tony Porter　トニー・ポーター
　★アメリカの作家、社会活動家。
[18] brilliantly　見事に
[19] TED Talk　TED トーク
　★ TED (Technology Entertainment Design) が主催する世界的講演会。

[20] illustrate　（例示などの手段で）〜を説明する
[21] horrifying　恐ろしい
[22] manhood　男らしさ
[23] rape　〜に性的暴行を加える

　会化は深く進行し、往々にして無自覚なものです。
　男性はそれとは別の、しかし同じくらい有害な台本を与えられます。つまり、泣くな、弱音を吐くな、女々しくするな、そして極め付きは「男らしく」あれ、という台本です。これについては、トニー・ポーターが「男達への提言」という 2010 年の TED トークで見事に言い表しています。男の子は「男らしさという枠」からはみ出ないよう社会に適応させられている、と彼は説明します。例として挙げているのが、自分の父親による「男は泣かない」という教えについての悲痛な話と、友達が女の子をレイプして男らしさを証明するという恐ろしい話です。

Other men have ㉔taken up Porter's call and ㉕added their voices to the conversation on what it means to be a man. One is ㉖Justin Baldoni, a popular American actor, with his own 2017 TED Talk called "Why ㉗I'm done trying to be 'man enough.'" He also created a series of videos with a group of famous men in honest conversation about topics like male body image and the ㉘#MeToo movement, all on his website, Man Enough.

㉔ take up ~　～に応じる
㉕ add one's voice to ~　～を一層声高に主張する
㉖ Justin Baldoni　ジャスティン・バルドーニ　★ (1984-)。アメリカの俳優。

㉗ be done doing　～するのを終えている
㉘ #MeToo movement　#MeToo 運動　★ハリウッドでの性暴力の被害体験を SNS で共有しようという呼び掛けがきっかけで広がった抗議行動。

　ほかにも男性たちがポーターの呼び掛けに応じて、男らしいとはどういうことかという話題に関する自分たちの意見をさらに展開しています。その一つに、アメリカの人気俳優ジャスティン・バルドーニによる「『男らしく』在らんとすることをやめた理由」という 2017 年の TED トークがあります。彼はまた、男性有名人のグループと共に一連の動画を作成しており、その中で男性の身体像や #MeToo 運動などのテーマについて率直に話し合っています。動画はすべて彼のウェブサイト「男らしさ」で見ることができます。この男

These men are working hard to [29]redefine [30]masculinity in a positive way that includes respect for their own feelings and for women.

[31]Overcoming socialization is tough for men and women. Guys like Porter and Baldoni are man enough to admit our lives may depend on it.

May 2019

---

[29] redefine 〜を再定義する
[30] masculinity 男らしさ

[31] overcome 〜を乗り越える

性らは、自分たちの感情や女性に対して敬意を払うことを含めた前向きな姿勢で、男らしさの再定義に真剣に取り組んでいるのです。
　社会化を乗り越えることは、男性にとっても女性にとっても容易ではありません。ポーターやバルドーニのように、そのことに自分たちの人生が左右される可能性があると認められる人は、十分に男らしいのです。

True/False Review　内容理解クイズ　　解答と日本語訳 ▶ p. 221

エッセイの内容と合っていれば **T**(True)を、違っていれば **F**(False)を選びましょう。

1. According to Hetherly, her mother was very fond of her boss at work.　**T / F**

2. According to Hetherly, Justin Baldoni did a TED Talk about masculinity in 2017.　**T / F**

Adulting
大人らしくあること

✳

現代の社会で、「男らしい」「女らしい」と並んで
定義が難しいのが「大人らしい」という言葉かもしれません。
何をもって「大人らしい」とするのか──
世代の違いと密接に結び付いたこの難題についての考察です。

I recently ❶overhear an interesting conversation
between two ❷colleagues. One mentioned a man she
knew who stopped supporting his kids ❸financially
when they turned 18. In her words, he "cut them off,"
and the kids moved far away and rarely visit — "That's
his fault," she said. Her own kids, both in their early 20s,

Title adulting　大人としての自覚や責任を
持って振る舞うこと、大人らしくあること
❶ overhear　〜を耳にする、〜を小耳に挟
　む

❷ colleague　同僚
❸ financially　金銭的に、財政的に

　最近、二人の同僚の興味深い会話を耳にしました。その一人の話では、知
人の男性が18歳になった子どもたちへの金銭的支援をやめたのだそうです。
彼女の言葉によると、男性が「子どもたちを切り離した」ことで、子どもたち
は遠方に引っ越し、めったに訪ねてこなくなった──「それは彼の落ち度」と、
彼女は言ったのです。彼女自身の子どもたちはいずれも20代前半で、近く

live close by and often visit. She and her husband still
pay a lot of their expenses, like ❹cellphone bills, college
❺tuition, and car insurance.

This conversation ❻mirrors strong ❼generational
differences in American culture. Here's the simple
version: ❽Baby boomers couldn't wait to leave home

---

❹ cellphone bill　携帯電話の料金
❺ tuition　授業料
❻ mirror　〜を反映する
❼ generational　世代の

❽ baby boomers　ベビーブーム世代
★第２次世界大戦直後の1940年代後半
から1960年代初頭にかけて出生率の高
かった時代に生まれた世代。p. 159、3行
目のboomersも同義。

に住んでおり、頻繁に訪ねてきます。彼女と夫は、今でも携帯電話の料金、大
学の授業料、車の保険料といった、子どもたちにかかる費用の多くを支払っ
ています。
　この会話は、アメリカ文化における著しい世代間の違いを反映しています。
簡単に言うと、こういうことです。ベビーブーム世代は家を離れて独立する

and be independent while [9]millennials and current college students depend heavily on their parents for [10]emotional and financial support.

The word "adulting" [11]grew out of the culture kids live in now. [12]Routine tasks feel like a big deal to them: cooking, grocery shopping, doing laundry, paying bills. And moving away to college or an apartment tends to be a major [13]stressor. Since their parents continue helping with all these things into their 20s and sometimes 30s, they consider these "adult" things. When they do similar tasks for themselves, they call it

---

[9] millennials　ミレニアル世代
★1980年頃から2005年頃にかけて生まれた世代。
[10] emotional　感情的な、精神的な

[11] grow out of ～　～から生じる
[12] routine task　日常的な仕事、身の回りのこなすべきこと
[13] stressor　ストレス要因、ストレス

のが待ちきれなかったのに対して、ミレニアル世代や現在の大学生は親の精神的援助や金銭的援助に大きく依存しているのです。
　adulting（大人らしくあること）という言葉は、今この瞬間に子どもたちを取り巻いている文化から生まれたものです。彼らにとって、日常的な仕事は大ごとなのです。例えば、料理や食料品の買い物、洗濯、請求書の支払いといった事柄です。さらに、遠方へ引っ越して大学に通ったりアパートで暮らしたりすることは、大きなストレスになりがちです。親は子どもが20代や、時には30代になっても、引き続きこうした仕事をすべて手伝うので、彼らはそれを「大人」の仕事と見なしてしまいます。そして、自分たちで同様の仕

"adulting" and talk about how hard it is or ⑭pat themselves on the back for adulting successfully.

I'm one of those boomers who worked as a teenager, moved far away by age 18, and paid for college and ⑮living expenses with loans, ⑯grants, and part-time jobs. And no, unfortunately, I was not very close to my parents. Still, the word "adulting" makes me ⑰uncomfortable because I believe 18-year-olds are adults, whether they're ready for it or not. Also, kids need to understand that adults don't have all the answers. We all struggle to get things done and be

---

⑭ pat oneself on the back for ~　～を自画
　自賛する、～を自慢する
⑮ living expenses　生活費
　★通例、複数形。
⑯ grant　奨学金、助成金
⑰ uncomfortable　落ち着かない、気まずい

事をこなせば、それを「大人らしい」と呼び、どれほど大変なことかを話したり、無事に大人として仕事をしたと自画自賛したりするのです。
　私はベビーブーム世代の一人であり、10代で働き、18歳で遠方に引っ越して、大学の学費や生活費をローンや奨学金、アルバイトで支払ってきました。そしてそう、残念ながら、親とはあまり親密ではありませんでした。それでも「大人らしくある」という言葉には違和感があります。というのも、心構えがあるかどうかによらず、18歳は大人であると思うからです。さらに子どもは、大人がすべての答えを知っているわけではないことを理解する必要があります。私たちは皆、やるべきことをこなして責任を果たそうと、懸命に努

responsible. What they call "adulting" is just life.

Delaying adulthood can also be unhealthy and risky. More and more people are talking about a mental health crisis on college campuses in the U.S. Recent [18]survey data shows that in one year "3 out of 5 students experienced [19]overwhelming [20]anxiety, and 2 out of 5 students were too [21]depressed to [22]function." Many of these students are likely those who find "adulting"

---

[18] survey　調査
[19] overwhelming　圧倒的な、途方もないほどの
[20] anxiety　不安、心配事、懸念
[21] depressed　精神的に落ち込んだ、抑うつ状態の
[22] function　(人や物事が) 機能する

力しているのです。彼らが「大人らしくあること」と呼ぶのは、生きることそのものなのです。
　大人になるのを遅らせることが、不健全であったり危険をはらんだりすることもあります。アメリカの大学構内では、心の病の危機について語る人がますます増えています。最近の調査データによると、1年間に「学生5人のうち3人が不安に押しつぶされそうになる経験をし、5人のうち2人は日常生活が送れなくなるほど精神的に落ち込んだ」といいます。こうした学生の多

overwhelmingly difficult.

[23]In a perfect world, kids would feel close to their parents and be independent enough at 18 to go out into the world [24]confidently on their own. I'm not a parent myself and would probably have [25]made a mess of it, but if I did have kids, that's what I would want for them.

November 2019

---

[23] in a perfect world　理想的には、理想の　　[25] make a mess of ~　~を台無しにする
世界では
[24] confidently　自信を持って

くは、「大人らしくあること」が途方もなく難しいと考えているようです。
　理想の世界では、子どもは親に親密さを感じながら、18歳になれば十分に
自立して、自信を持って社会に出ていくことでしょう。私自身は人の親では
ないし、おそらく良い親にはなれなかっただろうと思います。それでも、も
し実際に子どもを持つ身だったら、彼らにはそのように育ってほしいだろう
と思うのです。

True/False Review　内容理解クイズ　　　　解答と日本語訳 ▶ p. 221

エッセイの内容と合っていれば **T**(True)を、違っていれば **F**(False)を選びましょう。

1. Hetherly says that she is a baby boomer but was close to her parents.　**T / F**

2. According to Hetherly, a recent survey says that a majority of college students have experienced overwhelming anxiety.

T / F

Face Masks

マスク

※

2020年、パンデミックと同時に世界中に広がったのが、
マスク着用の動きです。しかし、日本と違いアメリカでは、
マスクに抵抗を示す人が多いようです。
アメリカ社会における、マスクの浸透を阻む要素とは?

I remember the first time I saw someone wearing a
white face mask in Japan. I was on a bus in Kyoto and
wondered what was wrong with that person. **❶**In time, I
realized it's a **❷**social norm for sick people to wear masks
❸in public and it's done **❹**in consideration of others.

---

❶ in time　やがて、そのうちに
❷ social norm　社会通念、社会規範
❸ in public　公共の場で、人前で

❹ in consideration of ~　~のことを考え
て、~に配慮して

日本で白いマスクを着けている人を初めて見たときのことを覚えています。
私は京都でバスに乗っていて、その人はどうしたのかと気になりました。や
がて私は、病気の人が公共の場でマスクを着けるのは社会通念であり、他人
への配慮からなのだと気付きました。

I think back on this now as so many people in the
U.S. ❺resist wearing masks during the ❻pandemic. An
idea that seems so simple and good in Japan ❼rubs many
Americans the wrong way. Why is the response so
strong and what does it tell us about American culture?

---

❺ resist 〜に抵抗する
❻ pandemic パンデミック
　★深刻な感染症が世界的に大流行する
　こと。

❼ rub someone the wrong way 〜の神経
　を逆なでする

アメリカのかなり多くの人たちが、パンデミックの状況下でもマスクを着
けることに抵抗する中で、私はこのことについて今思い返しています。日本
ではとても単純で良いと思われる考えが、多くのアメリカ人の神経を逆なで
するのです。なぜそこまで強い反応を示すのでしょうか、そして、そのこと
からアメリカの文化について何がわかるのでしょうか？　この国には、マス

This is what some people here are saying about masks:

"They're **❽**uncool." In a widely reported survey, men in particular **❾**indicated that face masks are "**❿**shameful," "not cool," and "a sign of weakness." In other words, it's **⓫**unmanly to wear them. When people do, they want them to be cool or fashionable. Women tend to use pretty **⓬**fabrics, and I even saw a guy at the grocery store with a tiger mask.

"They're **⓭**un-American." Freedom is obviously a big deal in the U.S. People don't want to be told what to do.

---

❽ uncool　さえない、格好悪い
❾ indicate　〜を表明する、〜と述べる
❿ shameful　恥ずかしい
⓫ unmanly　男らしくない
⓬ fabric　布地、生地
⓭ un-American　アメリカ（人）らしくない

⓮Our president won't wear a mask, and a lot of his supporters believe it's **⓯**patriotic to **⓰**follow his lead.

"God will protect me." The U.S. is a strongly Christian country, as most people know. Some Christians believe their **⓱**faith in God will keep them safe. In Texas, our governor **⓲**designated churches as "**⓳**essential," so they're free to open and **⓴**hold services. I walked by a neighborhood church on Sunday **㉑**at the height of the pandemic in my community. A large number of people were entering, many of them **㉒**elderly, and not one

---

⓮ our president
 ★本エッセイ執筆時のアメリカ大統領は
 Donald Trump(ドナルド・トランプ。
 1946-)。
⓯ patriotic　愛国的な
⓰ follow one's lead　~に追随する、~の
 先例に倣う
⓱ faith in ~　~に対する信仰、~への信頼

⓲ designate A as B　AをBだと指定する
⓳ essential　絶対に必要な、不可欠な
 ★ここでは医療や物流などの生活維持
 に欠くことのできない活動を指している。
⓴ hold a service　礼拝を行う
㉑ at the height of ~　~のピーク時に、
 ~の真っただ中で
㉒ elderly　年配の、高齢の

大統領はマスクを着けようとしません。そして、支持者の多くが、彼に追随するのが愛国的だと信じています。
　「神が守ってくれる」。アメリカは、ご存じのとおり、根強いキリスト教国です。キリスト教徒の一部は、神への信仰が自分を守ってくれると信じています。テキサス州では、州知事が教会を「生活を営む上で欠かせない」ものと認定したので、教会は自由裁量で門戸を開き、礼拝を行っています。私はある日曜日に近所の教会のそばを通り掛かりました。私の地元でパンデミックがピークだったときです。たくさんの人々が教会に入っていくところで、その多く

person had a mask on.

These are just a few of the reasons American people give for not covering their faces in public. There are other more [23]complicated ones related to race and American history. But the good news is a lot of people [24]are on board with wearing masks. [25]As one of my neighbors put it, "We need to [26]care for each other."

We even have a famous Texan who's doing what he

---

[23] complicated　複雑な
[24] be on board with ～　～に賛同している、～を支持している

[25] as someone puts it　～が言うところでは
[26] care for ～　～を気遣う、～を思いやる

が高齢者であり、誰一人としてマスクを着けていませんでした。
　以上は、アメリカ人が挙げる、公共の場で顔を覆わない理由のほんの数例です。ほかにも、人種やアメリカの歴史に関連するもっと複雑な理由があります。でも、朗報もあります。マスクを着けることに賛同している人も多いのです。うちの近所の人がこう言っていました、「私たち、お互いに相手を気遣わないとね」。
　自分なりにできる手助けをしている有名なテキサス州民もいます。無地の

can to help. Wearing ㉗plain white masks, the actor ㉘Matthew McConaughey and his wife drove their big pickup truck through Texas, delivering 110,000 face masks to ㉙rural hospitals. I don't think anyone would say McConaughey is unmanly, uncool, or un-American. Maybe he'll change some hearts and minds ㉚out there. And that could save lives.

September 2020

㉗ plain　無地の
㉘ Matthew McConaughey　マシュー・マ
コノヒー
★(1969-)。アメリカの俳優。

㉙ rural　農村部の、地方の
㉚ out there　世間で、世の中で

白いマスクを着け、俳優のマシュー・マコノヒーとその妻は大きなピックアッ
プトラックを運転してテキサス州中を回り、11万枚のマスクを農村部の病院
に配りました。誰もマコノヒーのことを男らしくない、格好悪い、アメリカ人
らしくないとは言わないと思います。もしかすると、彼は世間の人の心を変
えるかもしれません。そして、それが命を救うかもしれないのです。

True/False Review　内容理解クイズ

解答と日本語訳 ▶ p. 222

エッセイの内容と合っていれば **T**(True)を、違っていれば **F**(False)を選びましょう。

1. According to Hetherly, she had already read about the use of face masks in Japan before she first arrived in Kyoto.

T / F

2. Hetherly says that some Americans won't wear a face mask because the U.S. president refuses to wear one.　**T / F**

"Flexy Is Sexy"

「柔軟なのは魅力的」

✳

パンデミックが人々と社会にもたらした大きなものの一つに
「仕事への意識の変化」があります。
当初は非常時における苦肉の策であったはずの「リモート勤務」への
人々の愛着は、その代表例と言えそうです。

Some call it "**❶**the Great Resignation," others, "**❷**the Great Cubicle Escape," but here's what it **❸**boils down to: In 2021, **❹**a record number of people in the U.S. quit their jobs. Articles about this **❺**phenomenon come to one pretty obvious conclusion: The pandemic changed the way people think about their lives and their work.

Title flexy　柔軟性のある
　★p. 171、5行目のflexは動詞で、「フレックスタイムで働く」の意。
Title sexy　最先端の、魅力的な
❶ the Great Resignation　大退職時代、大量退職時代
❷ the Great Cubicle Escape　職場からの

大脱走
　★cubicleは「パーティションで小さく区切った場所」の意。
❸ boil down to ~　要約すると～になる
❹ a record number of ~　史上最多の～、記録的な数の～
❺ phenomenon　現象、事実

　「大退職時代」と呼ぶ人もいれば、「職場からの大脱走」と呼ぶ人もいますが、要するにこういうことです。2021年に、アメリカで記録的な数の人々が仕事を辞めました。この現象に関する複数の記事が、一つのとても明快な結論を出しています。つまり、パンデミックによって人々の生活や仕事に対する考え方が変わったということです。

I don't have to read the articles to understand what's going on because it's happening in my own workplace. From March 2020 to June 2021, most offices at the university where I work allowed everyone to work ❻remotely. Then, in July, after ❼vaccines were widely available, we were all expected to return to a 40-hour

---

❻ remotely　リモートから、ネット経由で
❼ vaccine　ワクチン

　私は何が起こっているのかを把握するためにそうした記事を読む必要はありません、なぜならそれは私自身の職場でも起こっていることだからです。2020年3月から2021年6月まで、私が働いている大学のほとんどのオフィスでは全員にリモート勤務が認められていました。そして7月になりワクチンが広く行き渡ると、私たちみんなに、大抵がパーティションで狭く区切ら

workweek in the office, often in [8]cramped cubicles.

At first, everyone was talkative and friendly, even some who hadn't been especially friendly before. Clearly, we had missed the human contact and were enjoying seeing our [9]colleagues again. But the topic of conversation was often about how much we loved remote work. For most of us, coming back to the office was a difficult [10]transition.

The friendly [11]vibe soon began to change. Remote work could only be approved by the [12]vice president of the [13]division, and the guidelines were strict. As a result,

---

[8] cramped　窮屈な
[9] colleague　同僚
[10] transition　移行、変化

[11] vibe　感情、雰囲気
[12] vice president　部門長
[13] division　部署、部門

れたオフィスでの週40時間勤務に戻ることが求められました。
　最初は誰もが、以前は特に友好的ではなかった人でさえ、おしゃべりになり友好的でした。明らかに私たちはそれまで人との付き合いがなくて寂しい思いをしていて、同僚にまた会えたことを楽しんでいました。でも話題の多くは、リモート勤務をどんなに気に入っていたかということでした。私たちのほとんどにとって、オフィスに戻ってくることは受け入れにくい変化でした。
　友好的な雰囲気は間もなく変わってきました。リモート勤務は、その部署の部長が承認した場合に限られ、そのガイドラインは厳格でした。結果として、

no one could officially work remotely, but every day
⓮quite a few people were out of the office. Some of us
were using vacation and ⓯sick days we had saved up the
previous year, and some, we all suspected, were actually
flexing — ⓰working flexible hours from home. There
was a lot of ⓱suspicion about where people were when
they weren't in the office and whose ⓲supervisor was
allowing what.

　　Honestly, we were all ⓳desperate to work from home
again. The work got done just as well, and we could
enjoy the comfort of our homes and families and pets.

⓮ quite a few　かなりの数の　　　　⓱ suspicion　疑い、疑念
⓯ sick day　病気欠勤日　　　　　　 ⓲ supervisor　上司
⓰ work flexible hours　フレックス制で働く　⓳ desperate to do　〜したくてたまらない

正式には誰もリモート勤務ができなかったのですが、毎日かなりの数の人が
出勤しませんでした。前年にためていた休暇や病気欠勤日を使う人もいて、
中には、実はフレックスタイムで働いている——家からフレックス制で働い
ている——とみんなから疑われた人もいました。オフィスにいない人がどこ
にいるのか、そして誰の上司が何を許可しているのかについて、さまざまな
疑いが生じていました。
　正直なところ、誰もがまた家から仕事をしたくてたまらない気持ちでした。
仕事はまったく同様にこなせて、自分の家で家族やペットがいる心地よさを

It made us happier. Did our employers want us to be unhappy? It just didn't [20]make sense. A lot of us started looking for new remote jobs or planning [21]retirement, and [22]it turns out we were part of a trend. According to the U.S. [23]Bureau of Labor Statistics, 4.3 million Americans, or 2.9 percent of the entire [24]workforce, quit their jobs in August.

---

[20] make sense　道理にかなう、意味がわかる
[21] retirement　（定年）退職
[22] it turns out (that) ...　……だとわかる、
　　結局……ということになる

[23] Bureau of Labor Statistics　労働統計局
[24] workforce　労働人口

享受できたのです。その方が私たちは幸せでした。雇い主は私たちが不幸せになることを望んでいたのでしょうか？ とても納得できませんでした。私たちの多くがリモート勤務の新しい仕事を探すか、退職を計画するようになり、結局、私たちは時代の流れに乗っていたことがわかります。アメリカの労働統計局によると、労働人口全体の2.9％に当たる430万人のアメリカ人が8月に仕事を辞めました。

A 2021 worker survey called ㉕"The Great Discontent" ㉖sums it up nicely. Workers are not ㉗content in the office anymore because "flexy is sexy" and "㉘there's no place like home." Sometimes when you let people out of the box, you just can't ㉙squeeze them back in.

March 2022

㉕ "The Great Discontent"
　★アメリカの Workable 社による調査。discontent は「不満、不平」の意。
㉖ sum ~ up　〜をまとめる、〜を要約する
㉗ content　満足した

㉘ There's no place like home.　わが家に勝る所はない。
　★ことわざ。
㉙ squeeze ~ in　〜を押し込む

　「The Great Discontent」という2021年労働者調査が、それを見事にまとめています。「柔軟なのは魅力的」であり、「わが家に勝る所はない」ので、働く人々はもうオフィス内で満足していません。箱の外に出ることを許した人たちを、もう一度中に押し込めるなんてできない場合もあるのです。

True/False Review　内容理解クイズ
解答と日本語訳 ▶ p. 222

エッセイの内容と合っていれば **T**(True)を、違っていれば **F**(False)を選びましょう。

1. According to Hetherly, fewer people quit their jobs in 2021 than ever before.　**T / F**

2. Hetherly says that her employer asked its employees to return to work in the office.　**T / F**

26

When Times Are Tough

厳しい時期に

✳

2000年代に入ってから、世界はさまざまな新しい危機や苦難を
経験しました。その中で目立つようになったのが、
問題の責任を特定の民族・国籍の人に向け、彼らを攻撃する動きです。
つらく厳しい時期ならではのこの風潮について、ヘザリさんが考察します。

I'll never forget my birthday in 2001. I woke up in
my Tokyo apartment, turned on ❶CNN and, ❷in
disbelief and horror, watched the ❸footage of two
planes hitting the ❹Twin Towers in New York City. For
several months after that, it felt strange being in Japan.
I didn't experience the kind of fear I knew friends and

---

❶ CNN
　★ = Cable News Network。アメリカ
　に本社を置くニュース専用のチャンネル。
❷ in disbelief and horror　恐怖のあまり信
　じられない思いで

❸ footage　映像、(ある出来事の) 動画
❹ Twin Towers　ツインタワー
　★ニューヨークの世界貿易センターに
　あった2棟の超高層ビル。

私は2001年の自分の誕生日を決して忘れないでしょう。東京のアパート
で目を覚まし、CNNのチャンネルをつけて、恐怖のあまり信じられない思い
で、2機の飛行機がニューヨーク市のツインタワーに突っ込む映像を見ました。
それから数カ月間、日本にいることが奇妙な気がしました。アメリカにいる
友達や家族がきっと感じていたような恐怖を私は経験しませんでしたが、彼

family in the U.S. were feeling, but I also couldn't help them, and that was hard. At the same time, walking around my usual streets in Tokyo, it seemed like people were looking at me differently than before, and in a less friendly way. That may have been my imagination, but the world just felt ❺off for a while.

---

❺ off　正常でない

らを助けることもできず、それはつらいことでした。それと同時に、東京で いつもの街を歩き回っていても、人々の私を見る目が以前と違って、よそよ そしくなったような気がしました。それは私の思い過ごしだったのかもしれ ませんが、しばらくの間、世の中がちょっとおかしいような気がしました。

Back in the U.S., it was an especially difficult time for Arab and ❻Muslim Americans or anyone who looked ❼Middle Eastern. Even now, in 2022, it's common for Muslims here to be ❽associated with terrorism because of ❾9/11, even when they're just ordinary people trying to live their lives. The sad truth is when crisis hits, a lot of people want to ❿blame someone, and that often turns into ⓫xenophobia or anger toward anyone ⓬perceived as an outsider.

The COVID-19 pandemic is a more recent example.

---

❻ Muslim　イスラム教徒の
❼ Middle Eastern　中東（系）の
❽ associate A with B　AをBと結び付ける
❾ 9/11　同時多発テロ事件
　★2001年9月11日にニューヨークなどで起こったイスラム過激派による一連のテロ事件。

❿ blame　〜を責める
　★p. 177、6行目のblame A for Bは「BをAのせいにする」の意。その2行下のblameは名詞で「責任、とがめ」の意。
⓫ xenophobia　外国（人）嫌い
⓬ perceive A as B　AをBであると捉える

　アメリカでは、アラブ系やイスラム教徒のアメリカ人、あるいは中東系のように見える人にとって特に厳しい時期でした。2022年の現在でさえ、ここにいるイスラム教徒は同時多発テロ事件のせいで、普通に暮らそうとしている一般の人であっても、テロ行為と結び付けられることがよくあります。悲しい真実ですが、危機に見舞われると多くの人が誰かのせいにしたがり、それが外国人への嫌悪や、よそ者と見なされた人に向けられる怒りに変わることは珍しくありません。
　新型コロナウイルス感染症の世界的流行は、より最近の例です。アメリカ

When it all started in the U.S., [13]Donald Trump was president. He [14]rallied his supporters by blaming China and calling the illness "the China virus." After he [15]tweeted about it, [16]anti-Asian [17]hashtags increased, and there was a [18]wave of violence against Asians in the U.S. Blaming China for a worldwide pandemic is bad enough, but assuming anyone with an Asian face [19]shares the blame is pure [20]ignorance — or [21]meanness.

[22]Meanwhile, in Japan, with borders closed [23]off and on to foreign travelers and even [24]residents, the

---

[13] Donald Trump　ドナルド・トランプ
　★(1946-)。第45代アメリカ大統領
　（在任2017-2021）。
[14] rally　〜を呼び集める、〜を集結させる
[15] tweet about 〜　〜についてツイートする
　★Twitterで投稿すること。
[16] anti-Asian　反アジア（人）の
[17] hashtag　ハッシュタグ
　★SNSでキーワードやトピックを検索し

やすくするための記号（#）とそのキーワードのこと。
[18] wave of 〜　〜の波、相次ぐ〜
[19] share the blame　責任の一端を負う
[20] ignorance　無知
[21] meanness　卑劣さ
[22] meanwhile　その間、その一方で
[23] off and on　断続的に
[24] resident　居住者

で感染が始まったとき、ドナルド・トランプが大統領でした。彼は中国を責めてその感染症を「中国ウイルス」と呼ぶことで、彼の支持者を一致団結させました。彼がそれについてツイートしてから、反アジア人に関するハッシュタグが増えて、アメリカでアジア人に対する暴力が相次ぎました。世界的なパンデミックを中国のせいにするだけでも十分悪いことですが、アジア系の顔をしている人は誰にでも責任があると決めつけることは、まったくの無知であるか――または卑劣なことです。
　その間、日本では外国人旅行者、そして外国人居住者に対してさえも国境が断続的に閉鎖されて、パンデミックは日本国内の外国人社会にとりわけ大

pandemic has hit the foreign community inside Japan especially hard. Unable to visit family or friends in their home countries for two [25]holiday seasons [26]in a row, many feel sad and [27]isolated. Some feel unwelcome as well since, just as in the U.S., "foreigners" are being blamed for the spread of COVID.

When you're not the one being targeted, it's hard to know what to do. I tried [28]reaching out to Asian friends

---

[25] holiday season （感謝祭やクリスマスなどの）休暇の時期

[26] in a row　立て続けに

[27] isolated　孤立した

[28] reach out to ~　~に手を差し伸べる

きな打撃を与えました。2年続けて休暇の時期に母国の家族や友人を訪ねることができなくなり、多くの人が悲しんで孤立した気持ちになっています。ちょうどアメリカと同じように、コロナウイルスの蔓延が「外国人」のせいにされているため、歓迎されていないように感じている人もいます。
　自分が標的にされていないときに、何をすればよいかはわかりにくいものです。私はここ（アメリカ）で、特に状況が悪い時期にアジア系の友人に手を

when things were especially bad here, but to be honest, I don't know if it helped. It's certainly good to ^{❷⁹}be aware of what others are experiencing and to do whatever kindness you can to help them feel welcome. Crisis ^{❸⁰}is hard on everyone, but some people are always more ^{❸¹}vulnerable than others.

April 2022

---

❷⁹ be aware of ~　~に気付いている
❸⁰ be hard on ~　~に対して過酷である
❸¹ vulnerable　攻撃されやすい、弱い

差し伸べようと努めましたが、正直なところ、それが役に立ったかどうかはわかりません。ほかの人々がどのような経験をしているかに気付くこと、そして彼らが歓迎されていると感じられるように自分にできる限りの親切をすることは、きっと良いことです。危機は誰にとってもつらいものですが、常にほかの人よりも弱い立場の人たちがいるのです。

True/False Review　内容理解クイズ　　解答と日本語訳 ▶ p. 222

エッセイの内容と合っていれば **T**(True)を、違っていれば **F**(False)を選びましょう。

1. According to Hetherly, after the 9/11 attacks in New York, she felt like people in Tokyo were looking at her differently.

T / F

2. Hetherly says that Donald Trump was not responsible for the wave of anti-Asian violence in the U.S. after COVID began.　**T / F**

Chapter

6

日本と私

✦ ──── ✦ ──── ✦

Lavender
ラベンダー
182

+

Bamboo
竹
188

+

Nostalgia
郷愁
194

+

Love Letter
ラブレター
200

+

Driver's License
運転免許
206

+

Corn Dog
コーンドッグ
212

27

Lavender

ラベンダー

✳

このエッセイには、ヘザリさんが大好きな、
ある日本のテレビドラマが登場します。
「ラベンダー」を軸にテキサスとそのドラマの思い出が
交錯する文章を、楽しんでください。

Lately, I've been thinking a lot about lavender. That's because an old friend is starting a Texas lavender farm, and her ❶experimental handmade soaps, lotions, and ❷potpourri are all over my house, making it smell purple and lovely. The funny thing about lavender is it seems to ❸stir up memories and ❹emotions.

Title lavender　ラベンダー
★シソ科の小低木。全体に芳香があり、花から採取した油は香料として用いられる。
❶ experimental　試作的な、実験的な

❷ potpourri　ポプリ
❸ stir up ~　～をかき立てる、～を目覚めさせる
❹ emotion　感情

　このところ、ラベンダーのことをよく考えています。というのは、昔からの友人がテキサスでラベンダー農園を始めており、彼女が試作した自家製の石けんや化粧水、ポプリが、わが家の至る所にあって、家中に紫色のイメージのすてきな香りが漂っているからです。ラベンダーの不思議なところは、さまざまな思い出や感情を呼び覚ますように思える点です。

I can't think about lavender without remembering my favorite Japanese TV drama, ❺"Kita no Kuni Kara." The story of Jun, Hotaru, and their father struggling to make a new life together in Hokkaido always ❻tugged at my heartstrings. I don't think I ever ❼got through an entire episode without a few tears and always some

---

❺ "Kita no Kuni Kara" 「北の国から」
　★1981 年から、連続または単発で放送
　されたテレビドラマのシリーズ。北海道、
　富良野の大自然に暮らす、父・五郎、息
　子・純、娘・螢を巡る物語。

❻ tug at one's heartstrings　〜の感情を揺
　り動かす
　★ tug は「強く引っ張る」の意。
　heartstrings は「深い感情、心の琴線」
　を表し、複数形で用いる。

❼ get through 〜　〜を終える、〜を切り抜
　ける

　ラベンダーというと必ず思い出すのは、大好きな日本のテレビドラマ、「北
の国から」です。純と螢と彼らの父親が、北海道で一緒に新しい生活を築こ
うと奮闘する物語に、いつも心を動かされました。私はこれまで、ほろりと
したり笑い声を上げたりせずに、1話を最後まで見終わったことはないと思

laughter. I love the way the foxes, birds, rabbits, lavender fields, and snow are all [8]woven into the human story. This is [9]sentimentality at its best — it makes you feel and feel connected.

This series was important to me when I lived alone in Tokyo after my own divorce. I even made a trip to Furano to see the lavender fields and [10]soak in a mountain hot spring from one of the episodes. Even now, just hearing the theme song stirs up strong feelings.

---

[8] weave A into B　AをBに編み込む
[9] sentimentality　感傷的なこと、涙を誘う
　こと

[10] soak　浸る、つかる

います。キツネや鳥、ウサギ、ラベンダー畑、雪などがすべて、人間味あふれる物語に織り込まれているところが、とても気に入っています。これは、最高に上質なお涙ちょうだいものです——感じる力をもたらしてくれ、人とつながっていることを感じさせてくれるのです。
　このシリーズが私にとって大切だったのは、自分自身が離婚を経て東京で一人暮らしをしていた頃でした。富良野まで旅して、ラベンダー畑を見たり、ドラマに出てきた山あいの温泉に入ったりしたほどです。今でも、テーマソングを聞くだけで、強く心を揺さぶられます。

When my friend told me her dream of turning the family farm into lavender fields, I [11]was intrigued. The original plan was to gather friends and family together for the planting, making it a community event, like an old-fashioned [12]barn raising. Unfortunately, because of the weather and people's busy schedules, that never happened. She and her family [13]ended up hiring workers to help [14]put in the plants. There's the difference between [15]heartfelt fiction and real life, but the lavender

---

[11] be intrigued　強く興味をそそられる
[12] barn raising　納屋の棟上げ
　★かつて、納屋を新築する際には近隣の人が手伝いに集まり、集まった人々をもてなすパーティーなども開かれた。

[13] end up doing　最後には〜する、結局〜することになる
[14] put in 〜　〜（作物）を植え付ける
[15] heartfelt　心からの、深く心に感じた

　友人が、家族の所有する農園をラベンダー畑に変えるという夢を語ってくれたとき、とても興味をそそられました。当初の計画は、友人や家族を集めて、地域のイベントとして作付けをするという、昔の納屋の棟上げのようなものでした。残念ながら、天候や、みんなの予定が詰まっていたことから、そのイベントは実現しませんでした。彼女と家族は結局、人を雇って、ラベンダーを植えてもらったのです。心に染みるフィクションと実生活との間にはギャッ

farm is still a reality. In a few years, they'll be selling homemade lavender ice cream, lemonade, soaps, and lotions, as well as ⑯pick-your-own lavender. There won't be foxes, but there will be a dog-friendly ⑰walking trail, and maybe a rabbit or two.

It's always ⑱inspiring to see people follow their dreams and do something a little crazy. Starting a business,

---

⑯ pick-your-own （農園などで作物が）摘み放題の ★ = PYO。

⑰ walking trail　遊歩道、散歩道

⑱ inspiring　奮起させるような、感激させるような

プがありますが、ラベンダー農園は依然、現実のものです。数年先には、自家製のラベンダーアイスクリームやレモネード、石けん、化粧水を販売するとともに、摘み放題のラベンダーも提供していることでしょう。キツネはいないでしょうが、犬が喜ぶような遊歩道はあるでしょうし、ウサギの1羽や2羽なら、いるかもしれません。

　いつも、人が夢を追ってちょっと破天荒なことをするのを見ると、元気が出ます。ビジネスを始めること、とりわけ農園を始めるというのは、間違い

especially a farm, involves a lot of risk and hard work,
[19]for sure. But, as in the drama, [20]overcoming difficulties
often brings families together. And when people drive
down the highway and see those wide fields of purple,
something in their hearts will open up. That's the power
and the beauty of lavender.

August 2017

---

[19] for sure　確実に、確かに
[20] overcome　〜を克服する

なく多大なリスクと重労働を伴います。けれども、あのドラマでもそうであっ
たように、困難を乗り越えると、往々にして家族の結束が強まるものです。
そして、幹線道路を車で走りながら紫色の畑が広がるのを目にすれば、人々
の心の中の何かがぱっと開けることでしょう。それが、ラベンダーの持つ力
と美しさなのです。

True/False Review　内容理解クイズ

解答と日本語訳 ▶ p. 222

エッセイの内容と合っていれば **T**（True）を、違っていれば **F**（False）を選びましょう。

1. Hetherly says that she has recently started a lavender farm.

T / F

2. According to Hetherly, the lavender fields in Texas were all
planted by family members in a big community event.

T / F

🔊 28

Bamboo

竹

※

日本人にとって古くから身近な植物である竹が、
テキサスのヘザリさんの自宅付近に急増⁉
このエッセイでは、成長の速さ、強さ、美しさといった独特の
イメージを持つ「竹」にまつわる複数のエピソードが語られます。

Bamboo always reminds me of Japan. When I lived in Kyoto, my favorite place was ❶Sagano with its beautiful, ❷haunting bamboo forest. The other day, while walking in my neighborhood, a wave of ❸nostalgia ❹washed over me. I even thought I heard the ❺tinkle of Japanese ❻wind chimes. I was walking by a ❼thicket of bamboo.

Title bamboo 竹
❶ Sagano 嵯峨野
　★京都市内の地名。寺社が立ち並ぶ地域。
❷ haunting 記憶に残る、忘れ難い
❸ nostalgia 郷愁、懐旧の情
❹ wash over ~ ～に打ち寄せる

❺ tinkle チリンチリンという音
❻ wind chime 風鈴
❼ thicket やぶ、茂み
　★p. 189、2行目のthickは形容詞で「茂った」の意。

竹は、いつも日本のことを思い出させてくれます。京都に住んでいたとき、お気に入りの場所は、美しく忘れ難い竹林のある嵯峨野でした。先日、近所を歩いていると、懐かしい気持ちが湧き上がってきました。日本の風鈴の音が聞こえた気さえしました。私は竹やぶのそばを歩いていたのです。

Yes, there is bamboo, lots of bamboo, in my Texas neighborhood. It's thick and beautiful, but there is also a problem. Much of the bamboo here is an [8]invasive type. It [9]is not native to Texas, and it spreads very quickly. This type of bamboo is great for a forest like Sagano but not so good for a neighborhood.

---

[8] invasive　侵略的な
　★ここでは invasive type で「外来種」の意。

[9] be native to ～　～に自生する
　★p. 193、3行目の native type は「在来種」の意。

　そう、竹です。たくさんの竹がテキサスの自宅近くにあるのです。美しく生い茂っているのですが、問題もあります。ここにある竹の多くは外来種なのです。テキサスに自生するものではなく、急速に繁殖します。この種の竹は、嵯峨野のような森林地区でなら素晴らしいのですが、住宅地にはあまり好ましくありません。

Still, I'm ⑩fascinated by this bamboo. It spreads from ⑪runners under the ground, so small ⑫shoots ⑬pop out everywhere, many quite far from the original ⑭stalk. People here plant bamboo because it makes a natural ⑮privacy ⑯barrier and grows fast. But they probably don't understand how difficult it is to control. It may start as a great barrier but ends up ⑰taking over the entire yard.

The thicket I often walk by is a good example. The people who live next to it have to cut down the small

---

⑩ fascinate 　〜を魅了する
⑪ runner under the ground 　地下茎
⑫ shoot 　新芽
　★ここでは「タケノコ」を指す。
⑬ pop out 　ひょっこり出る

⑭ stalk 　茎、幹
⑮ privacy 　プライバシー
⑯ barrier 　防壁、垣根
⑰ take over 〜 　〜を占領する

　それでもなお、私はこの竹に魅了されています。竹は地下茎で広がるので、小さなタケノコがあちこちに顔を出し、その多くが元の幹からかなり離れています。当地の人が竹を植えるのは、竹が天然の目隠しになる上、成長が早いからです。しかし、植える人たちはおそらく、竹を管理するのがどれほど難しいかをわかっていません。最初は良い垣根になるかもしれませんが、最後には庭全体を占拠することになります。
　私がよく通り掛かるやぶが、その好例です。その隣の住人は、小さなタケノコを絶えず取り除かなければなりません。切っても、すぐに新しいタケノ

shoots ⑱constantly. After cutting, new shoots seem to
⑲sprout immediately. I watch them grow from day to
day, taller and more ⑳abundant each time I walk by. For
those people, it's a constant battle to ㉑keep the shoots
from spreading, and the bamboo wins every time.

In Japan, bamboo's strength is well-known. "Study the
teachings of the ㉒pine tree, the bamboo, and the ㉓plum
blossom," ㉔urged the famous ㉕martial artist ㉖Morihei
Ueshiba. Bamboo teaches strength, ㉗resilience, and
㉘persistence. Those little shoots remind me of a man's

---

⑱ constantly　いつも、絶えず
　★3行下の constant は形容詞で「絶え
　間ない」の意。
⑲ sprout　芽を出す
⑳ abundant　たくさんの、豊かな
㉑ keep A from doing　Aが〜するのを防ぐ
㉒ pine tree　松の木
㉓ plum blossom　梅の花

㉔ urge　〜を（強く）勧める
　★ここでは発言の引用の後ろなので、
　say などの場合と同様に、主語と動詞の
　語順が入れ替わっている。
㉕ martial artist　武道家
㉖ Morihei Ueshiba　植芝盛平
　★(1883-1969)。合気道の創始者。
㉗ resilience　回復力、復元力
㉘ persistence　粘り強さ

コが生えてくるようです。タケノコが日ごとに成長するのが見られ、通り掛かるたびに、より高く、より豊かに茂っていきます。近隣の人々にとって、タケノコの生育拡大を防ぐことは絶え間ない戦いであり、いつでも竹が勝つのです。
　日本では竹の強さはよく知られています。「松、竹、梅の教えを学ぶ」ことを強く勧めたのは、有名な武道家、植芝盛平です。竹は強さ、復元力、粘り強さを教えてくれます。あの小さなタケノコから、最近聞いたある男性の話を

story I heard recently. As a young boy, **㉙**José Hernández picked fruit along the California coast with his family, **㉚**migrant farmworkers from Mexico. **㉛**Economically poor, they were rich as a family. Encouraged by his parents and teacher, José was able to get a good education and become a successful **㉜**astronaut, but only with great persistence. **㉝**NASA rejected him 11 times before he got hired for a space mission.

㉙ José Hernández　ホセ・ヘルナンデス
★(1962-)。2004年にアメリカの宇宙
飛行士となった。

㉚ migrant farmworker　出稼ぎ農業従事者

㉛ economically　経済的に

㉜ astronaut　宇宙飛行士

㉝ NASA　アメリカ航空宇宙局
★National Aeronautics and Space
Administrationの頭文字を取った略称。

思い出しました。ホセ・ヘルナンデスは少年の頃、カリフォルニア州の沿岸地域で、メキシコからの出稼ぎ農業従事者である家族と果物を摘んでいました。経済的には貧しくても、家族としての豊かさには恵まれていました。両親や教師に励まされ、ホセは充実した教育を受け、立派な宇宙飛行士になれたのです。もっとも、それは非常に粘り強かったからこそでした。NASAに11回不合格にされながらも、彼は宇宙ミッションを果たすために雇われたのです。

Texans would be wise to study the bamboo itself as well as its teachings. They would learn there's actually a native type that grows in ❸❹clumps rather than spreading wildly. The clumping type will give them a beautiful privacy fence, along with all the life lessons bamboo has for us.

February 2019

---

❸❹ clump　木立ち、株立ち
★次行のclumping は「株立ち状の」の
意。

テキサス州民は、竹にまつわる教えばかりではなく、竹そのものについても学ぶのが賢明でしょう。(そうすれば) 実は竹には、奔放に広がらずに株立ちする在来種があることを知るでしょう。株立ちする種なら、竹が私たちに示してくれる人生訓のすべてを学べるだけでなく、美しい生け垣にもなってくれるのです。

True/False Review　内容理解クイズ　　解答と日本語訳 ▶ p. 222

エッセイの内容と合っていれば **T**(True)を、違っていれば **F**(False)を選びましょう。

1. According to Hetherly, someone has put up Japanese wind chimes in a bamboo forest near her house.　**T / F**

2. Hetherly says people in Texas are planting bamboo groves as barriers for privacy.　**T / F**

Nostalgia

郷愁

✳

ある作家の文章をきっかけに日本への恋しさを募らせるように
なったヘザリさんは、郷愁という感情に思考を巡らせます。
「元いた場所に引き戻される力」の誘惑と切なさ、それを伝えずには
いられない思いについての、優しく深いエッセイです。

I sit on my **❶**back porch, reading **❷**Pico Iyer's
❸*Autumn Light*. Though the book takes us through all
four seasons in Japan, Iyer writes, "I **❹**long to be in Japan
in the autumn." It's typical to think of cherry blossoms
as **❺**quintessential Japan, but for him, "it's the

Title nostalgia　郷愁、懐旧の情、追憶
❶ back porch　バックポーチ、裏のベランダ
❷ Pico Iyer　ピコ・アイヤー
　★(1957-)。作家、随筆家。イギリスに
　生まれ、アメリカと日本を拠点として、世
　界中を旅している。
❸ *Autumn Light* 『オータム・ライト』
　★日本での生活について綴られたピコ・
　アイヤーの著作。2019年4月、Knopf刊。

❹ long to do　〜したいと切望する
　★p. 195、3行目のlong for 〜は「〜を
　切望する、〜を恋しく思う」の意。
❺ quintessential　典型的な

　私は自宅裏のベランダに腰を下ろし、ピコ・アイヤーの『オータム・ライト』
を読んでいます。その本は私たちに日本の四季を教えてくれますが、アイヤー
は「秋には日本にいたいと切望する」と書いています。一般的には、桜の花を
典型的な日本のイメージとして思い浮かべるものですが、彼にとっては、「輝

❻reddening of the ❼maple leaves under a ❽blaze of
❾ceramic-blue skies that is the place's heart." Reading his
book, of course, also makes me long for the sights,
sounds, and smells of Japan in autumn and through the
seasons.

---

❻ reddening　赤く染まること
❼ maple　モミジ、カエデ
❽ blaze　炎、まばゆいもの、強い輝き

❾ ceramic-blue　セラミックブルーの
★ここでは陶器に使われるような鮮やか
な紺色である様子を指している。

くようなセラミックブルーの空の下で真っ赤に染まるモミジの紅葉こそが、
日本の神髄」なのです。彼の本を読むと、もちろん私も秋や四季を通じた日
本の景色、音、香りが恋しくなります。

Strangely, I have just discovered this writer, who, though born in Britain, makes his home in both California and Japan. Strangely, I say, because as I learn about him, I realize that Iyer's first year of living in Kyoto was close to mine. I arrived fall of 1986 and he, fall of 1987. It's [10]crazy to think that while walking around Kyoto, [11]marveling at all that was new, I may have passed Iyer as a young man, whose stories of Japan, including those of his first year, would later become well-known.

---

[10] crazy　すごい、素晴らしい
[11] marvel at ~　~に驚嘆する

　不思議なことに、私はこの作家のことを知ったばかりです。彼は、イギリス生まれでありながら、カリフォルニアと日本の両方に居を構えています。不思議なことに、と言うのは、彼について知るうちに、アイヤーが初めて京都で暮らした年が、私と同じ頃だと気付いたからです。私が京都に着いたのが1986年の秋で、彼は1987年の秋でした。考えてみればすごいことです。京都を歩き回りながら目新しいものすべてに驚嘆する中で、私は青年だったアイヤーとすれ違っていたかもしれず、彼が書いた日本の話は、その最初の年のものも含め、後によく知られることになるのですから。

Sometimes nostalgia [12]punches us in the heart. On this day on my back porch in Texas, wanting more than anything to experience those sounds, smells, and tastes of Japan for myself again, it feels that way. But then I stop and look around. In the backyard, where it's still summer, I am surrounded by giant trees so full of green [13]foliage I can't even see the neighbors' houses. It's hot, but [14]breezy, and the summer insects sing. My two dogs are [15]lovingly at my feet, enjoying a lazy afternoon on the deck, and then I remember. This was what I wanted.

---

[12] punch ～を強く打つ
[13] foliage 枝葉、葉

[14] breezy そよ風の吹く、風通しの良い
[15] lovingly 愛しげに、愛情を込めて

時に郷愁は、人の心を強く打ちます。今日、テキサスの自宅裏のベランダで、何よりも日本の音や香り、味をもう一度自分で体験したいと望みながら、そう感じています。でもそこで思いとどまり、周りを見渡します。裏庭はまだ夏の風情で、緑の葉をたっぷり付けた大木に囲まれる私には、隣の家々すら見えません。暑いけれど、そよ風が吹き、夏の虫が鳴いています。2匹の飼い犬を足元にじゃれつかせながら、私はテラスでのんびりとした午後を楽しんでおり、そして思い出します。これが自分の望んでいたものだったのだと。

Sitting in my small Tokyo apartment after many years there, my nostalgia was just as strong for Texas. I dreamed of trees and space and animals of my own.

Again, Iyer says it well: "I think of my friends in the West and ⑯despair of ever being able to ⑰convey the ⑱bounty of this life to them." What we love about a place is felt more than communicated, though we still

---

⑯ despair of ~　～を諦める、～に落胆する　⑱ bounty　たまもの、豊かな恵み
⑰ convey A to B　AをBに伝える

何年も東京で暮らした末に、小さなアパートで座りながら、私のテキサスへの郷愁もまた同じように強くなっていました。木々や広々とした空間や自分の動物を飼うことを夢見ていたのです。
　それについても、アイヤーがうまく言い表しています。「私は西洋にいる友達のことを思い、彼らにはこうした生活の恵みについてとうてい伝えられない、と絶望するのだ」。ある場所について自分が愛する事柄は、感じているほどには伝えられませんが、それでも、私たちは伝えようとするのです。複数

try. Like many who have loved more than one place, we will always feel the pull of the place left behind, [19]no matter how much we [20]appreciate the place where we are. That in itself is a bounty, and the lucky ones, like Iyer, [21]figure out how to continue making a home in both places.

October 2019

---

[19] no matter how much ...　どれほど……
であっても

[20] appreciate　～をありがたく思う、～の真
価を認める

[21] figure out ~　～を見つけ出す、～を考
え出す

の場所を愛してきた多くの人たちと同様に、私たちは常に、元いた場所へ引
き戻される力を感じます、今いる場所への思い入れがどれほど強くてもです。
そのこと自体が大きな恵みであり、アイヤーのような幸運な人たちは、いず
れの場所にも居を構え続ける手立てを見いだすのです。

True/False Review　内容理解クイズ　　解答と日本語訳 ▶ p. 222

エッセイの内容と合っていれば **T**(True)を、違っていれば **F**(False)を選びましょう。

1. Hetherly says that she once met Pico Iyer while she was walking in the streets of Kyoto.　**T / F**

2. According to Hetherly, one of the things she wanted while living in Japan was to be able to have space.　**T / F**

Love Letter

ラブレター

❋

パンデミックは人々の心の健康に大きな打撃を与えました。
日本でも、人々の精神への深刻な影響や、痛ましい出来事が
報じられてきました。このエッセイは、日本に長く暮らした
ヘザリさんならではの、皆さんへの温かいメッセージです。

I feel like I **❶owe my readers an apology.** The last few months, I have been so focused on the U.S. and all our **❷crises** here that I've neglected the outside world too much. As I write this essay for February, the month of Valentine's Day, my thoughts are fully on Japan.

❸In general, Japanese people are better than

---

❶ owe ~ an apology　～に謝らなければな
らない

❷ crisis　危機、難局
　★複数形は crises。

❸ in general　一般に、概して

私は読者の方々におわびをしなければならない気がします。過去数カ月、私はここアメリカとその危機にばかり注目していて、外の世界を軽視し過ぎました。このエッセイでは2月、つまりバレンタインデーの月に向けて書きながら、ひたすら日本について考えています。
　一般的に、日本人はアメリカ人よりも、大変な時期に平気な顔をすること

Americans at ❹putting on a happy face when times are tough. That can be a ❺blessing, but it can also be a ❻curse. We don't deny being ❼physically ill, and we shouldn't have to pretend to be happy if we're not, especially in difficult times like the past year. As the ❽World Health Organization reports, the ❾pandemic

❹ put on a happy face　満足そうな顔をする
❺ blessing　祝福、幸いなこと
❻ curse　呪い、災いのもと
❼ physically　肉体的に
❽ World Health Organization　世界保健機関

★国際連合の専門機関で、保健衛生問題に関する国際協力を目的とする。1948年設立。略称はWHO。
❾ pandemic　パンデミック
★深刻な感染症が世界的に大流行すること。

が上手です。それは幸いなことかもしれませんが、災いのもとにもなるかもしれません。私たちは身体的に病気であればそれを否定したりしません。ですから、幸せでなければ、特にこの1年のような困難な時期に、幸せなふりをするべきだ、などということはないのです。世界保健機関が報告しているよ

has ❿taken a toll on mental health worldwide, making both self-care and mental health services more important than ever.

It saddens me to read of the increasing number of ⓫suicides in Japan among ⓬celebrities and ordinary people. In an October ⓭Japan Times article, ⓮Yasuyuki Shimizu, who works in suicide ⓯prevention, said, "As a society, we feel like we cannot show our weaknesses, that we must ⓰hold all of it in." As a result, people don't see ⓱therapy or counseling as an option. They're also afraid of ⓲burdening friends and family by showing

---

❿ take a toll on ~　～に被害を与える、
　～に犠牲を強いる
⓫ suicide　自殺、自殺者
⓬ celebrity　有名人、著名人
⓭ (The) Japan Times　ジャパンタイムズ
　★日本の英字新聞。ジャパンタイムズ社
　発行。1897年創刊。
⓮ Yasuyuki Shimizu　清水康之

★(1972-)。日本の社会運動家。自殺対
策支援団体ライフリンクの代表。
⓯ prevention　防止
⓰ hold ~ in　～を表に出さない、～を抑制
　する
⓱ therapy　心理療法、セラピー
⓲ burden　～（人）に重荷を負わせる、
　～（人）を煩わせる

　うに、パンデミックは世界中でメンタルヘルスに打撃を与えており、セルフケアと精神衛生事業の両方がこれまで以上に重要になっています。
　日本で有名人や一般人の間で自殺者の数が増加しているという話を読むと、私は悲しくなります。10月のジャパンタイムズの記事で、自殺対策支援に取り組む清水康之さんが「私たちの社会では、人々が自分の弱さを見せられないと感じ、すべてを抑え込まなければならないと感じている」と語っていました。その結果、人々は心理療法やカウンセリングを選択肢とは見なさなくなります。弱さを見せて友達や家族を煩わせることも恐れていると清水さん

weakness, Shimizu explains. Not wanting to burden others is a quality I greatly admire in Japanese people. But there are other ways to [19]get relief.

When I lived in Tokyo, I volunteered for the [20]Tokyo English Lifeline (TELL), a [21]telephone crisis hotline. Their main [22]mission is to help the international community, but they also welcome calls in English from Japanese people. In fact, TELL's Lifeline director, [23]Vickie Skorji, told me that "Over 50 percent of the people who use our service are Japanese." And there's another [24]site called Inochi no Denwa for those who

---

[19] get relief　解放される、楽になる
[20] Tokyo English Lifeline　東京英語いのちの電話
　　★日本で悩みを抱えている人に英語で電話相談などを行っている非営利法人。1973年設立。

[21] telephone crisis hotline　いのちの電話、命のホットライン
[22] mission　使命
[23] Vickie Skorji　ヴィッキー・スコルジ
　　★オーストラリア出身の神経心理学、心理療法、カウンセリングの専門家。
[24] site　場所、拠点

は説明します。他人を煩わせたくないというのは、私が大いに称賛する日本人の気質です。でも、楽になる方法はほかにもあるのです。
　東京に住んでいたとき、私は東京英語いのちの電話（TELL）で命のホットラインのボランティアをしていました。TELLの主な使命は外国人コミュニティーの支援ですが、日本人からの英語での電話も歓迎しています。TELLライフライン・ディレクターのヴィッキー・スコルジさんから、「私たちのサービスの利用者の50％以上は日本人だ」と聞きました。日本語で相談したい人向けの「いのちの電話」と呼ばれる拠点もあります。電話をかけてくる中

prefer to speak Japanese. While some callers are thinking of suicide, the majority [25]are in distress from things like relationship issues and loneliness. Some call daily because they just need to know someone cares and wants to listen.

From years of teaching in Japan, I know that some Japanese are more comfortable expressing their troubles

---

[25] be in distress　苦しんでいる、悩んでいる

には自殺を考えている人もいますが、大多数は人間関係の問題や孤独感などから悩んでいる人です。ただ誰かが気に掛けて話を聞いてくれることを知る必要があって、毎日電話をかけてくる人もいます。
　私は何年も日本で教えていたので、自分の問題について英語で話したり、日本人以外の相手に話したりする方が、より心地よく感じる日本人もいるこ

in English or to a non-Japanese person. If you're one of those people, ㉖give TELL a try next time you're sad, or talk to English-speaking friends or teachers. Rather than feeling burdened, I ㉗feel honored and less alone when someone ㉘confides in me — and many others do, too. So, trust your heart and know that you're not alone.

February 2021

㉖ give ~ a try　～を試してみる
㉗ feel honored　光栄に感じる、誇らしく感じる

㉘ confide in ~　～（人）に打ち明ける、～（人）に胸の内を明かす

とを知っています。もしあなたがそのうちの一人なら、今度悲しくなったときにはTELLを試すか、英語話者の友達や先生に話してみてください。誰かに胸の内を明かされたら、私は煩わしく思うよりもむしろ誇りに思い、孤独感が薄れる気がします——ほかの多くの人もそうです。ですから、自分の心を信じて、独りぼっちではないことを知ってください。

True/False Review　内容理解クイズ　　解答と日本語訳 ▶ p.223

エッセイの内容と合っていれば **T**（True）を、違っていれば **F**（False）を選びましょう。

1. Hetherly says that Japanese people tend to put on a happy face even when times are tough.　**T / F**

2. According to Hetherly, over half of the people who use the Tokyo English Lifeline are Japanese.　**T / F**

31

Driver's License

運転免許

❋

日本に住む外国人にとっての難関としてよく挙げられるものに、
「日本での運転免許取得」があります。
異国で、車の運転のために自国よりもずっと厳しい試験を受ける
というのは、確かに、とてつもないストレスと言えそうです。

There are a lot of different reasons why some ❶foreign residents decide to leave Japan. They may need to care for an aging parent back home or have a better career opportunity somewhere else. Or maybe they're just tired of being a foreigner. I've heard these and many other reasons, but here's one that's ❷new to me: They can't get a driver's license because they keep failing the test.

Title driver's license　運転免許（証）
❶ foreign resident　在留外国人

❷ new to ~　～にとって目新しい、～には初耳である

　在留外国人が日本を去ろうと決める理由には、さまざまあります。故国で年老いた親の世話が必要になったり、どこかほかの所でより良い仕事の機会が得られたり。あるいは、外国人でいることにうんざりしてしまっただけかもしれません。こうしたものやほかにも多くの理由を耳にしてきましたが、私にとって初耳の理由があります。試験に落ち続けて、運転免許が取れないというものです。

❸Apparently, how hard or easy it is to get a license in Japan depends on where you're from. Some countries allow people to switch their license to a Japanese version before going to Japan. Only a few states in the U.S. allow this. Those who ❹are not eligible to switch have to pass both the ❺written and the ❻road test in Japan.

---

❸ apparently　どうやら〜らしい
❹ be eligible to do　〜する資格がある

❺ written test　筆記試験
❻ road test　路上試験

　どうやら、日本での免許の取得がいかに難しいか簡単かは、どこの出身かによるようです。来日前に自分の免許を日本のものに切り替えられる国もあります。アメリカでは、ほんのいくつかの州のみでこれが認められています。切り替える資格がない人は、日本で筆記試験と路上試験の両方に合格しなければなりません。

From what I hear, the driving test, especially the road test, is hard for a lot of Japanese as well. Even with driving school, some people ❼end up taking it ❽multiple times before finally passing. That is ❾frustrating for anyone, but for foreign residents who had a license for years in their own country, it can be almost ❿unbearable.

It's a good thing I didn't try to drive when I lived in Japan. At age 16, I failed the road test in Texas three times before finally getting my license. My ⓫driving

---

❼ end up doing　最後には〜する、結局　　　❾ frustrating　いら立たしい
　 〜することになる　　　　　　　　　　　❿ unbearable　耐えられない
❽ multiple times　何度も、複数回　　　　　⓫ driving record　運転歴

　聞くところによると、運転免許試験、特に路上試験は、多くの日本人にとっても同様に難しいそうです。自動車教習所でも、最終的に合格するまでに、何度も試験を受けることになる人もいます。それは誰にとってもいら立たしいものですが、自国で何年も免許を持っていた在留外国人にとっては、ほぼ耐え難いものになるでしょう。
　日本に住んでいたときに、私は運転しようとしなくてよかったと思います。私は16歳で免許を取るまでに、テキサス州での路上試験に3回落ちました。

record is good now, but those tests make most people super nervous. I can only imagine how many times I would probably fail it in Japan. Fortunately, I enjoyed being carless in Tokyo and Kyoto. I could go anywhere by bus, train, bike, or foot. **[12]**On the other hand, people who have kids or live in the country don't always have that option. They may need a car to **[13]**get by. For those people especially, failing the test multiple times can feel **[14]**overwhelming.

---

[12] on the other hand　その一方で
[13] get by　生活していく

[14] overwhelming　（気持ちを）圧倒する、やりきれない

現在の私の運転歴は良好ですが、ああいった試験は大抵の人を非常に緊張させます。日本だったら私は何回不合格になったことかと、容易に想像できます。幸い、私は東京と京都で車がない生活を楽しみました。バスや電車や自転車、または徒歩で、どこにでも行くことができました。一方、子どもがいる人や田舎に住んでいる人には、必ずしもそういう選択肢があるとは限りません。彼らが生活していくには車が必要になることがあります。そうした人たちは特に、何回も試験に落ちたらやりきれない思いをするでしょう。

One of those people, a New Yorker living in [15]rural Japan with his family, has a [16]YouTube channel focused on things he loves about his life there: the local onsen, beautiful views of the countryside, Japanese food, of course — but he writes on Twitter: "The driver's license is the one thing that is kind of [17]breaking my spirit." It

---

[15] rural　田舎の、地方の
[16] YouTube channel　YouTube チャンネル
★オンライン動画共有プラットフォームであるYouTubeで、自分が作成した動画をまとめることなどができるサービス。な

お、この人物のYouTube チャンネル名は GO martin、3行下に出てくるTwitter のアカウント名は @Gaijinotousan。
[17] break one's spirit　〜の気勢をそぐ、〜のやる気をそぐ

そのうちの一人に、ニューヨーク生まれで日本の田舎に家族と一緒に住み、そこでの生活において大好きなものを中心に紹介するYouTube チャンネルを設けている人がいます。地方の温泉や田舎の美しい景色、そしてもちろん日本の食べ物について──ですが、彼はTwitter にこう書いています。「運転免許は私の心が折れるようなものの一つです」そしてそれは「人々が日本に

is, he says, "one of the reasons people ⓲give up on Japan."

⓳Hopefully, he and the others won't give up on Japan or on the test. I wish I could be there to celebrate with them when they pass.

July 2022

⓲ give up on ~　〜に見切りをつける
⓳ hopefully　願わくは

見切りをつける理由の一つです」と彼は言うのです。
　願わくは、彼やほかの人たちが日本やその試験に見切りをつけたりしませんように。彼らが合格したときに、私がそこにいて彼らと一緒にお祝いできたらいいのにと思います。

True/False Review　内容理解クイズ　　　　　解答と日本語訳 ▶ p. 223

エッセイの内容と合っていれば **T**（True）を、違っていれば **F**（False）を選びましょう。

1. According to Hetherly, anyone in the United States can trade their driver's license for a Japanese one.　**T / F**

2. Hetherly says she knows of a New Yorker who'd been living in rural Japan who left because of the driving tests.　**T / F**

32

Corn Dog

コーンドッグ

※

お気に入りの日本のドラマを見ていたヘザリさんは、そこに
自分が親しんできた食べ物が登場し、作り方まで紹介されていた
ことに驚きます。長く続いた連載の最終回（第214回！）を飾った
エッセイを、じっくり味わってください。

I'm a big fan of the Japanese TV series "❶Shinya
Shokudo," translated as "Midnight Diner" on ❷Netflix.
I love the gentle, kind master, the ❸eccentric characters
who come late at night, and the way each episode
features a different dish with instructions on how to
cook it at the end of the show. The theme of all kinds of

Title corn dog　コーンドッグ、アメリカン
ドッグ
　★棒を刺したソーセージの周りに、トウ
モロコシの粉末を練った生地を付けて揚
げたもの。
❶ "Shinya Shokudo"「深夜食堂」
　★日本のテレビドラマシリーズ。同名の

漫画が原作。現在はNetflixで配信され
ている。
❷ Netflix
　★アメリカに本社を置く、定額制動画配
信サービス会社。1997年設立。
❸ eccentric　風変わりな、奇特な

私はNetflixで「Midnight Diner」と訳されている日本のテレビシリーズ
「深夜食堂」の大ファンです。穏やかで優しいマスターや、深夜にやって来る
風変わりな登場人物たち、そしてエピソードごとに違う料理を取り上げて番
組の最後に料理法を説明するのが大好きです。おいしい食べ物を通じてさま

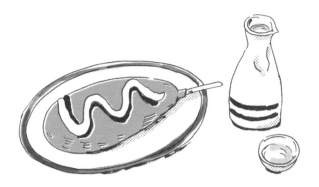

people coming together through delicious food is very Japanese, yet also **❹**universal.

The "Corn Dog" episode especially surprised and delighted me. While I ate a lot of corn dogs as a kid in Texas, I had never seen one **❺**made from scratch before and certainly didn't expect to on Japanese TV. The

---

❹ universal　普遍的な、世界中の
❺ make ~ from scratch　〜を一から作る

ざまな人たちが一体となるというテーマは、とても日本的ですが、世界共通でもあります。
　とりわけ「コーンドッグ」のエピソードには驚かされ、楽しませてもらいました。私は子どもの頃にテキサスでコーンドッグをたくさん食べましたが、一から作られるのをそれまで見たことがなく、しかも日本のテレビで見るなん

"American dog," as they called it, is actually a Japanese version, made with pancake rather than ❻cornbread ❼batter and ❽fish sausage rather than a ❾hot dog. But it looks just like the corn dogs I grew up eating and even more delicious, being homemade. There seems to be a ❿metaphor here, something about how both Japan and America become better when they come together, but maybe that's just being ⓫corny (⓬pun intended!).

What I do know for sure, though, is that writing these monthly English Journal essays for almost 20 years

---

❻ cornbread　コーンブレッド
　★トウモロコシの粉を使って作られるパンで、アメリカ南部の定番料理。
❼ batter　（料理の）生地
❽ fish sausage　魚肉ソーセージ
　★ドラマ「深夜食堂」の当該エピソードには、魚肉ソーセージを使ったアメリカンドッグが登場する。
❾ hot dog　ホットドッグ、フランクフルト・ソーセージ

❿ metaphor　例え、象徴
⓫ corny　感傷的な
　★「トウモロコシの」という意味もある。一般的には「くだらない、ありきたりな」という意味で使われることが多い。
⓬ pun intended　しゃれのつもりで
　★しゃれを目立たせるために、しゃれの後で括弧に入れて使われることが多い。punは「駄じゃれ、語呂合わせ」の意。

てまったく予期していませんでした。彼らが「アメリカンドッグ」と呼んでいたものは実は日本版で、コーンブレッドの生地ではなくホットケーキの生地と、フランクフルト・ソーセージではなく魚肉ソーセージで作られています。しかし私が食べて育ったコーンドッグとそっくりで、しかも自家製なので、一層おいしそうに見えます。これは、日本とアメリカが一緒になるとどのように良くなるかに関する何か一つの例えのようですが、単に感傷的になっているだけかもしれません（しゃれのつもりです！）。
　それでもはっきりわかっていることは、20年近く月1回のEnglish Journal

now has made my life better. Over the years, first while living in Tokyo and then after moving back to Texas, this column has helped me stay close to Japan and my readers. [13]I'm grateful to the English Journal staff for [14]sticking with me all these years and to all of you who read the column each month. Many of you sent thoughtful and [15]encouraging comments, which I always read with great pleasure. I admire your [16]determination to learn English and to understand the world beyond your own circle. Please [17]keep it up! And know that I

---

[13] be grateful to ~　～をありがたく思う
[14] stick with ~　～とずっと一緒にいる
[15] encouraging　励ましの、勇気を与える
[16] determination　決意
[17] keep ~ up　～を続ける

のこのエッセイを書いたことは、私の人生をより良くしてくれた、ということです。長年にわたり、最初は東京に住んでいた間、それからテキサスに戻った後も、このコラムのおかげで日本や読者の皆さんとの親しい関係を保つことができました。長年ずっと一緒にいてくれたEnglish Journalのスタッフと、コラムを毎月読んでくださった皆さんに感謝しています。多くの方が心のこもった励ましのコメントを送ってくださり、私はいつもそれをとても喜んで読んでいました。英語を学ぼう、自分の枠を超えて世界を理解しようという皆さんの決意は素晴らしいことだと思います。どうか続けてください！

will miss communicating with you and with my friends on the staff each month, but rather than "goodbye," let me say "until we meet again."

I almost forgot to mention that I had a small gathering myself, inspired by "Midnight Diner." A couple of friends came over to [18]sample my own first attempt at homemade corn dogs. As the oil heated on

---

[18] sample 〜を試食する

そして、皆さんやスタッフの友人たちとの毎月のやりとりがなくなって寂しくなるとは思いますが、「さようなら」ではなく「また会う日まで」と言わせてください。
　言い忘れるところでしたが、「深夜食堂」に刺激を受けて、私自身も小さな集まりを催しました。私が初めて作ってみた自家製のコーンドッグを試食しに、二人の友達が来てくれたのです。コンロで油を熱している間、私は彼らのた

the [19]stove, I played the corn dog episode on my tiny kitchen TV for them. They [20]were charmed with the show and with my [21]less than perfect corn dogs. When you come together for [22]companionship, the food is still delicious even when it's not perfect, right?

January 2023

---

[19] stove　コンロ、レンジ

[20] be charmed with ~　〜に夢中になる

[21] less than perfect　決して完璧ではない

[22] companionship　交友、親交

めに小さな台所のテレビでコーンドッグのエピソードを再生しました。彼らは番組と、決して完璧ではない私のコーンドッグに夢中でした。仲間と集まって楽しむとき、食べ物は完璧でなくてもおいしいものですよね？

True / False Review　内容理解クイズ　　解答と日本語訳 ▶ p. 223

エッセイの内容と合っていれば **T**（True）を、違っていれば **F**（False）を選びましょう。

1. Hetherly says that she has been writing English Journal Essays for almost 20 years.　**T / F**

2. According to Hetherly, because of "Shinya Shokudo", she was inspired to cook her own corn dogs for friends.　**T / F**

True/False Review の解答と日本語訳

Chapter 1

p. 021 : Unexpected Inspiration

1. False

ケイ・ヘザリは、前年に、彼女の友人の娘の高校の卒業式でスピーチをするよう招かれたと述べている。

2. True

ヘザリによると、高校の卒業式のスピーチに励まされ、彼女は毎日早く起きて個人的な仕事に取り組むようになった。

---

p. 027 : A Bird's Legacy

1. False

ヘザリによると、StoryCorps は彼女が毎週金曜日に訪れる喫茶店である。

2. True

ヘザリは、第2次世界大戦の間、10万人を超える日系アメリカ人が収容所に移されたと述べている。

---

p. 033 : Artichoke

1. False

ヘザリによると、彼女と彼女の家族は以前サンフランシスコに住んでいた。

2. True

ヘザリは、アーティチョークを食べるのには時間がかかり、それが良い会話のための申し分ない雰囲気を生み出すと述べている。

---

p. 039 : Miraculous Children

1. False

ヘザリによると、彼女が小学1年生のとき、学校で火災訓練があった。

2. True

ヘザリによると、学校に誰かが銃を持って入ってきたらどうするかを子どもたちに教える銃乱射対応訓練が、アメリカ各地で行われている。

---

p. 045 : Lessons Learned

1. False

ヘザリは、右目を眼帯で覆っていたために友達から時折からかわれていたと述べている。

2. True

ヘザリは、彼女が1年生のときの先生による、眼鏡を掛けている子どもたちについての間違った発言には、今でも腹が立つと述べている。

1. False

ヘザリによると、ウィスコンシン大学は「パーティースクール」として知られていた。

2. False

ヘザリによると、ミシェル・オバマはファーストレディーになったときにようやくインポスターシンドロームを克服した。

Chapter 2

p. 059 ⋮ A Place With Horses

1. True

ヘザリは図書館で『Our Souls at Night』という本を見つけたと述べている。

2. True

ヘザリは、電子書籍よりも紙の本の方を魅力的に感じている。

p. 065 ⋮ Literary Wisdom

1. True

ヘザリによると、さまざまな文化背景の人たちが、同じような大きな疑問を抱いている。

2. False

ヘザリは、『代書人バートルビー』はハーマンという名前の書記に関する話だと述べている。

p. 071 ⋮ Red Balloon

1. False

ヘザリは学生たちに、図書館に行ってお気に入りの子ども向けの本を借りてくるように言った。

2. False

ヘザリによると、『赤い風船』は1956 年に書かれた。

p. 077 ⋮ Reading With My Sister

1. False

ヘザリは、パンデミックの間、姉と一緒に住むようになったと述べている。

2. True

ヘザリによると、彼女も彼女の姉も、現代小説を読むことを楽しんでいる。

Chapter 3

p. 085 ⋮ Rescue

1. False

ヘザリが最初に里親になった犬は、白い柴犬だった。

2. False

ヘザリは、ほとんどの人は、自分の犬が「救出」犬だと言うのを恥ずかしく思う、と述べている。

p. 091 ⋮ Lessons From Our Dogs

1. False
ヘザリによると、彼女の犬グレイシーは、あらゆる標準的な犬と同じような行動をする。

2. True
ヘザリによると、彼女の友人の夫は、日食を見てとても喜び、生き生きしていた。

p. 097 ⋮ Talking Dogs?

1. True
ヘザリによると、犬が言葉を話さないことを彼女が気に入っている理由の一つは、犬が決して人間と言い争わないからである。

2. False
ヘザリは、コロナウイルスの隔離期間に犬と一緒にいて問題が起こった人々についての話を聞いた。

p. 103 ⋮ Gracy Goes Viral

1. False
ヘザリによると、彼女の犬の耳の写真をTwitterに載せるよう獣医が頼んだ。

2. True
ヘザリは、獣医がいつも彼女の犬を世界で一番お気に入りの犬のように扱ってくれる、と述べている。

p. 109 ⋮ Paloma

1. True
ヘザリによると、彼女の2匹目の犬パロマは、1匹目の犬よりも楽天的である。

2. False
ヘザリによると、しばらくして彼女の犬は徐々に視力を取り戻した。

Chapter 4

p. 117 ⋮ When Strangers Meet

1. False
ヘザリは、別の文化圏出身の人々と知り合いになれば創造性が増す可能性があることを、ある科学雑誌で初めて読んだと述べている。

2. True
ヘザリは、新しい言語を学ぶことは、異なる文化と深く関わるための一つの方法だと考えている。

p. 123 ⋮ Humans Need Story

1. False
ヘザリによると、ランディー・オルソンは大学でSF作家になるために勉強した。

2. True
ヘザリは、特定の短い英単語に関するオルソンの理論によると、「ところが」という語は対立する内容を導入する、と述べている。

p. 129 : What Are Your Pronouns?

1. True
ヘザリによると、彼女が生きてきた間に、アメリカで同性婚が合法になった。

2. False
ヘザリが出席した公開討論会の学生たちによると、誰がどの代名詞を好むかを知るには、服装で判断するしか方法がない。

p. 135 : When a Conversation Is Really a Monologue

1. True
ヘザリによると、彼女は大学時代、詩にはさほど興味がなかった。

2. False
ヘザリは、夫に数分間わめかせておくことがたまにあると述べている。

p. 141 : Translation as Eros

1. True
ヘザリは、文化や人々とつながりたいという憧れが、言語学習者の動機付けになることがあるかもしれないと考えている。

2. False
ヘザリによると、彼女はポリー・バートンと二子玉川の喫茶店でよく会っていた。

Chapter 5

p. 149 : Knocking Down the Ivory Tower

1. False
ヘザリによると、「象牙の塔」という言葉は、現実的で地に足の着いた大学教授に対して使われている。

2. False
ヘザリは、「ザ・カンバセーション」はほかの似たような学会と問題について議論するための学術的な場所だと述べている。

p. 155 : Man Box

1. False
ヘザリによると、彼女の母親は職場の上司がとても好きだった。

2. True
ヘザリによると、ジャスティン・バルドーニは2017年に、男らしさについてTEDトーク（での講演）を行った。

p. 161 : Adulting

1. False
ヘザリは、彼女はベビーブーム世代だが、両親とは仲が良かったと述べている。

2. True
ヘザリによると、最近の調査で、過半数の大学生は不安に押しつぶされそうになった経験があることがわかっている。

p. 167 : Face Masks

1. False

ヘザリによると、彼女は京都に初めて来た時より前に、日本でのマスクの使用についてすでに読んでいた。

2. True

ヘザリは、アメリカ大統領がマスク着用を拒否しているため、一部のアメリカ人がマスクを着けようとしないと述べている。

p. 173 : "Flexy Is Sexy"

1. False

ヘザリによると、2021年に仕事を辞めた人の人数は、それまでで最も少なかった。

2. True

ヘザリは、彼女の雇用主は従業員にオフィスでの仕事に戻るよう求めたと述べている。

p. 179 : When Times Are Tough

1. True

ヘザリによると、ニューヨークでの同時多発テロ事件の後に、東京の人々の彼女を見る目が変わったように感じた。

2. False

ヘザリは、ドナルド・トランプにはコロナウイルス感染症が始まってからアメリカで起こった反アジアの暴力の波に対する責任はなかったと述べている。

Chapter 6

p. 187 : Lavender

1. False

ヘザリは、自分は最近、ラベンダー農園を始めた、と述べている。

2. False

ヘザリによると、テキサスのラベンダー畑の作付けは、すべて家族のメンバーによって、大きな地域イベントの中で行われた。

p. 193 : Bamboo

1. False

ヘザリによると、彼女の家の近くにある竹林に誰かが日本の風鈴を取り付けた。

2. True

ヘザリは、テキサスの人々は竹の木々を目隠しとして植えていると述べている。

p. 199 : Nostalgia

1. False

ヘザリは、京都の道を歩いているときにピコ・アイヤーに会ったことがあると述べている。

2. True

ヘザリによると、彼女が日本に住んでいる間に望んでいたものの一つは、空間を得ることだった。

p. 205 ⋮ Love Letter

1. True

ヘザリは、日本人は大変な時期にさえ平気な顔をする傾向があると述べている。

2. True

ヘザリによると、東京英語いのちの電話の利用者の半数以上は日本人である。

p. 211 ⋮ Driver's License

1. False

ヘザリによると、アメリカにいる人なら誰でも、運転免許を日本のものに交換することができる。

2. False

ヘザリは、日本の田舎に住んでいたが運転免許試験が理由で日本を離れたニューヨーク生まれの人物を知っていると述べている。

p. 217 ⋮ Corn Dog

1. True

ヘザリは、20年近くにわたってEnglish Journalのエッセイを書いてきたと述べている。

2. True

ヘザリによると、「深夜食堂」に刺激を受け、彼女は友達のために自分でコーンドッグを作ろうという気になった。

ほっこり、すっきり、心に届く
英語で珠玉のエッセイ

発行日：2023年1月24日（初版）
　　　　2023年7月7日（第2刷）

書名：英語で珠玉のエッセイ
著者：ケイ・ヘザリ（Kay Hetherly）

編集：株式会社アルク 出版編集部
翻訳：鈴木香織、片桐恵里
True/False Review 作成：Owen Schaefer、愛場吉子
校正：渡邉真理子、Peter Branscombe、Margaret Stalker
デザイン：山口桂子（atelier yamaguchi）
イラスト：森千章
写真協力：Tara Spies Smith

ナレーション：Kay Hetherly
音声編集：株式会社メディアスタイリスト
DTP：株式会社創樹
印刷・製本：萩原印刷株式会社

発行者：天野智之
発行所：株式会社アルク
〒102-0073　東京都千代田区九段北4-2-6 市ヶ谷ビル
Website：https://www.alc.co.jp/

地球人ネットワークを創る

アルクのシンボル
「地球人マーク」です。